KB167946

세상을 바꾼
생각의 힘

성공하는 리더는 어떻게 변화를 이끄는가

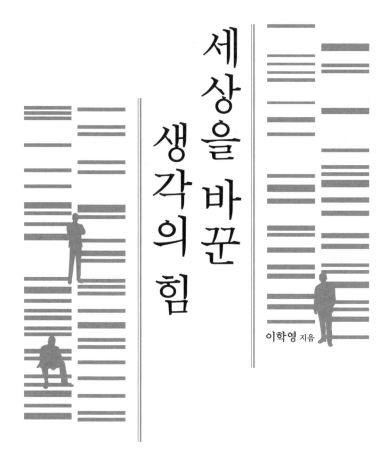

세상을 바꾼
생각의 힘

이학영 지음

한국경제신문

"세상 사람들은 두 종류로 나뉜다. 만나면 충전이 되는 사람과 방전이 되는 사람……."

얼마 전 책에서 읽고 가슴이 뜨끔했던 대목입니다. 고개가 끄덕여지는 성찰이었지만 나는 과연 사람들에게 어떤 존재로 비춰질까 생각해보게 되었기 때문입니다.

'충전'과 '방전'을 '긍정'과 '부정', '낙관'과 '비관', '적극'과 '소극' 등의 다른 말로 바꿔 표현할 수도 있을 것입니다. 무슨 상황에서건 마음속에 어떤 생각을 품고 있고, 어떤 마음가짐으로 대하는지에 따라 극과 극의 차이 나는 결과를 만들어낼 수 있습니다. 이런 마음가짐은 본인뿐만 아니라 주위 사람들에게까지 전염되어 큰 영향을 끼치기도 합니다. 더 나아가서는 자기가 속한 조직은 물론 나라 전체의 운명까지 바꿔놓을 수 있습니다.

1975년 여름, 대한민국이 중동 발 석유 위기 후유증으로 시달리던 때 대통령과 공무원, 기업인 사이에서 오고간 한 토막의 이야기가 전형적인 예일 것입니다. 당시 박정희 대통령은 갑작스런 석유 가격 급등으로 어마어마한 돈방석 위에 앉게 된 중동 산유국들의 '오일 달러'를 벌어들일 방법을 깊이 궁리했습니다. 사우디아라비아를 비롯한 중동 국가들이 벌어들인 돈으로 대대적인 사회 기반 시설 공사에 나서기 시작한 점에 주목한 그는 국내 건설 회사들을 중동에 진출시킬 방법을 모색하기에 이르렀습니다.

대통령은 먼저 관련 정부부처의 엘리트 공무원들에게 이와 관련하여 검토 작업을 해보라고 지시했습니다. 중동 현지 출장을 다녀온 공무원들은 하나같이 맥이 빠지는 보고를 했습니다.

"중동은 날씨가 너무 덥고 물도 부족하여 건설 공사를 제대로 진행하기 어렵습니다."

난감해진 대통령이 이번에는 신흥 건설기업으로 떠오르고 있던 현대건설의 정주영 회장을 만났습니다. 대통령의 부탁으로 중동에 다녀온 정 회장은 공무원들과 정반대의 의견을 내놓았습니다.

"중동은 세상에서 가장 건설 공사를 하기에 좋은 곳입니다. 비가 오지 않으니 1년 내내 공사할 수 있고, 자갈과 모래가 현장에 있어서 골재를 조달하기 쉽습니다. 물은 현장에 실어 나르면 해결되고, 더위는 낮에 자고 밤에 일하는 것으로 극복할 수 있습니다."

이 책의 CHAPTER 1 07편에 실린 '중동 사막에서 본 것과 보지 못한 것'의 이야기입니다.

"건설 지옥이었던 중동이 천국으로 바뀌는 순간이었다."

이 에피소드를 증언한 성서원 김영진 회장의 말입니다. 그의 말마따나 엘리트 공무원들에 의해 '건설 불모지'로 낙인 찍혔던 중동 지역이 초등학교 졸업이 학력의 전부인 기업인에 의해 '노다지 사업장'으로 변모했습니다. 대통령은 정 회장의 판단을 따랐고, 현대건설을 비롯한 수많은 국내 기업들이 중동으로 달려가 엄청난 외화를 벌어들였습니다. 대한민국은 이렇게 번 돈으로 중화학 산업 등 나라 경제의 고도화에 필요한 투자를 할 수 있었고, 오늘날 세계 정상 수준의 선진 국가로 탈바꿈하는 디딤돌을 마련할 수 있었습니다.

이 책에는 이런 통찰을 담은 91편의 글이 실려 있습니다. 남들이 불가능하다고 고개 돌린 것에 도전해 위대한 성취를 이뤄내고, 고독한 자신과의 싸움을 이겨내며 인류 문명의 한 단계 진보를 이끌어낸 사람들의 이야기를 다뤘습니다.

이 책의 특징은 국내외 내로라하는 자기계발 분야의 전문가와 명사들이 오랜 탐구와 경험을 바탕으로 쓴 책의 내용 가운데 핵심만을 짚어 소개했다는 점입니다. 수백 쪽씩 두툼하게 써진 한 권의 책을 서너 쪽의 짧은 분량으로 간추린 만큼 빠뜨린 내용이 적지 않을 것입니다. 하지만 각 책의 저자들이 강조하는 리더십과 자기계발의 핵심 메시지를 포착하여 간결하게 소화할 수 있도록 최대한 다듬었습니다. 잘 활용한다면 90여 권의 알토란 같은 리더십·자기계발 명저들을 이 책 한 권으로 소화하는 효과를 얻을 수 있을 것입니다.

이 책은 2년 전 펴낸 《리더를 키우는 생각의 힘》 후속 편이기도 합니다. 제가 국내 기업 최고경영자와 임원들을 비롯한 5만여 명의 독자들에게 매주 이메일로 발송하는 '이학영의 뉴스레터'의 주요 내용을 주제별로 엮은 것입니다. 〈한국경제신문〉 편집국장 재임 시절에 집필을 시작해 어느덧 400회를 넘긴 '이학영의 뉴스레터'를 받을 때마다 "큰 도움이 됐다"며 격려 메시지를 보내주시는 애독자 분들께 이 기회를 빌려 감사 인사를 드립니다.

제가 이 세상에서 가장 사랑하는 손녀 공아영을 비롯한 가족들과 책 출간의 기쁨을 함께하고 싶습니다.

2022년 10월, 청계산 기슭 집필실에서
이학영

CHAPTER 3 | **성공하는 리더, 실패하는 조직**

CHAPTER 6 | 위대한 승자들의 공통점

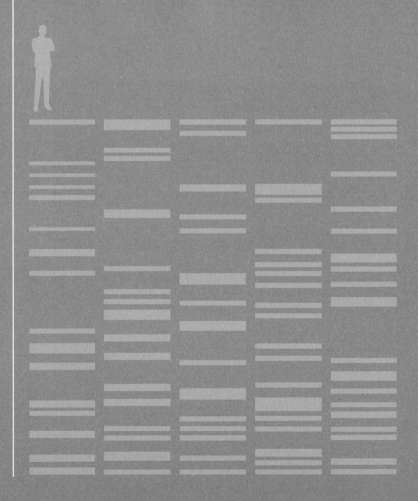

리더가
갖춰야 할 역량

‖ 01 ‖

‘명령 중단’이 일으킨 기적

1998년 12월 26일, 미국 해군 장교 데이비드 마르케에게 날벼락이 떨어졌습니다. 미국의 핵잠수함 가운데 꼴찌로 악명 높던 산타페함의 함장으로 발령을 받은 것입니다. 평가가 우수한 다른 핵잠수함 함장으로 내정돼 있었는데 취임을 며칠 앞두고 갑자기 부임지가 바뀌었습니다. 충격에 빠진 그에게 후속 명령이 전달됐습니다.

“산타페함을 6개월 안에 실전 배치할 수 있는 상태로 만들어라.”

그로부터 1년 뒤 기적 같은 일이 일어났습니다. 산타페함이 모든 평가에서 최고 성적을 받는 핵잠수함으로 탈바꿈한 것입니다. 그뿐만이 아닙니다. 산타페함은 미 해군에서 최고 임무 완수 성적을 올리고 7년 연속 ‘최고 반장상’과 3회 이상 ‘최우수 전투력상’을 받았습니다.

마르케가 함장으로서 산타페함과 대원들을 180도 바꿔놓은 비결은 간단합니다.

'일을 시키지 말고 맡겨라.'

그것의 첫 실마리는 함장으로 공식 취임하기 전 기관실 앞에서 보초를 서던 하사와 나눈 대화였습니다. 마르케가 하사에게 "여기서 하는 일이 뭔가?"라고 묻자 "위에서 시키는 일은 뭐든지 다 합니다"라는 대답이 즉각 돌아왔습니다. 마르케는 잠수함 내 의사결정 구조에 큰 문제가 있음을 직시했습니다. 그가 관찰한 산타페함에서는 함장과 소대장을 제외한 모든 대원들이 시키는 대로만 움직이고 있었습니다. 이에 대해 마르케는 훗날 "문제를 관찰하고 분석해서 해결하려고 하는 사람은 135명 중 5명뿐이었다"라고 말했습니다.

마르케가 함장에 취임한 뒤 가장 먼저 시작한 일은 '명령을 내리지 않는 것'이었습니다. 각 실무자에게 모든 권한을 완전히 위임했습니다. 장교들이 "이렇게 하겠습니다"라고 자기 생각을 말하면 그는 "그렇게 하라"고만 할 뿐 지시를 내리지 않았습니다. 그가 더 이상 명령을 내리지 않자 장교들의 목표는 '상관 지시에 대한 성실한 수행'이 아니라 '함장이 간단히 승인할 수 있을 정도로 충분하고 온전한 내용을 보고하는 것'이 됐습니다.

마르케는 "이렇게 한 발짝 나아간 덕분에 그들의 생각이 한 차원 높은 수준으로 올라섰다. 당직사관은 함장처럼 생각하기 시작했고, 이 변화는 지휘 계통을 따라 내려가면서 연쇄 반응을 불러왔다"고 말했습니다.

'리더-팔로워(follower: 추종자)'라는 상명하복식 명령체계를 '리더-리더'라는 상향식 체계로 바꾼 것이 마르케가 일으킨 변혁의 요체입니다. 그는 리더십을 '권한을 움켜쥐는 것이 아니라 내어주는 것이며, 팔로워를 만드는 것이 아니라 리더를 키워내는 것'으로 정의했습니다. 산타페함의 문제는 리더십의 실종이 아니라 '리더-팔로워'라는 잘못된 리더십이 횡행한 데 따른 것이라는 문제 인식이 변혁의 출발점이었습니다.

마르케가 기업들을 상대로 목표 기반 리더십 강의를 할 때마다 강조하는 말이 있습니다.

"설교만 늘어놓으면서 저절로 주도성이 생기기를 바라면 안 된다. 실제로 주도성을 갖도록 행동원리를 심어줘야 한다. 프로세스에 집착하다 보면 일의 원래 목적보다 프로세스 자체에 집중하게 된다. 그러면 자연히 실수를 회피하는 것이 목표가 된다. 감독관과 검열관은 실제 목표를 달성하는 일에는 아무런 기여도 하지 않고, 사후에 오로지 프로세스가 어디서 잘못됐는지를 밝혀낼 뿐이다."

데이비드 마르케, 김동규 옮김, 《턴어라운드》(세종서적, 2020)

02

'영재'가 아닌 '천재'를 알아보는 눈

루트비히 판 베토벤, 파블로 피카소, 스티브 잡스……. 우리가 '천재'라고 부르는 이 사람들에게도 큰 약점이 있었습니다. 베토벤은 곱셈을 잘 못했고, 피카소는 수학 시험에서 낙제했습니다. 잡스 역시 고등학교 시절 성적이 낙제를 겨우 면할 수준이었습니다. 그랬던 이들이 어떻게 세상을 획기적으로 바꾸고 많은 이들의 존경을 받게 되었을까요?

미국 예일대학교에서 최고의 인문학 강좌로 자리 잡은 크레이그 라이트 명예교수의 '천재 강좌(Exploring the Nature of Genius)'에서는 천재들의 특성을 철저하게 파헤칩니다. 라이트 교수는 "천재에 대한 정의는 시대마다 다르다. 잡스가 고대에 태어났다면 그저 미친 사람으로 불렸을지도 모르고 피카소 역시 시대를 잘못 만났다면 난봉꾼에 불과했을 수도 있다"고 말합니다.

그러나 "누가 천재이고 아닌지는 시대와 환경, 문화에 따라 달라지지만 천재를 만드는 힘은 시간을 초월해 언제나 동일하다"고 덧붙입니다. 천재를 만드는 가장 큰 원동력은 독창성이며, 독창적인 생각만이 세상을 뒤흔드는 결과물을 내놓습니다.

"재능 있는 사람은 아무도 맞힐 수 없는 과녁을 맞히고, 천재성을 가진 사람은 아무도 보지 못하는 과녁을 맞힌다"라는 그의 말처럼 천재와 영재(英才)는 다릅니다. 영재는 높은 지능지수(IQ)에 힘입어 기존의 것을 모방하며 두각을 나타내지만 천재는 세상이 기회를 주지 않으면 재능을 드러낼 수 없습니다.

라이트 교수는 누구나 어떤 분야에서 감춰진 천재성을 갖고 있다고 말합니다. 알베르트 아인슈타인도 같은 의미에서 이렇게 말했습니다.

"모든 사람은 천재다. 그런데 나무 위로 기어올라가는 능력만으로 물고기를 평가한다면 물고기는 자기 자신이 멍청이라고 믿으며 평생을 살아갈 것이다."

"영재는 얼마 안 되는 몇 가지 형태로 나타나지만 천재는 매우 많은 형태로 나타난다"는 사실도 새길 필요가 있습니다. 라이트 교수는 "영재가 커서 나중에 당연히 천재가 된다는 인식을 벗어던져야 한다. 천재는 대부분 어린 시절에 영재였던 적이 없으며, 영재는 대부분 천재가 되지 못한다"고 말합니다.

천재란 '항상 변화하고 있는 세상에서 변화가 다가오는 것을 볼 줄 아는 사람'입니다. 천재성은 IQ나 재능이 아니라 상상력과 호기심, 열정 같은 개인적 자질과 행동에 따라 발현됩니다. 이런 잠재력을 가진 사람들에게 창의성을 제대로 드러낼 수 있는 기회, 인내로 밀어붙여 변화의 결실을 만들 수 있는 기회를 줘야 합니다.

천재의 재능을 키워내기 위해서는 '큰 물'에서 노는 게 중요합니다. "새로운 사고방식은 다양한 발상이 자유롭게 흐를 수 있는 곳에서 변화의 결실을 맺으며, 기존의 왕성한 지적 풍토가 있어야 참신한 발상이 싹을 틔울 수 있다"는 라이트 교수의 말처럼 작곡가에게는 무대와 연주자, 제작자라면 관객과 비평가가 모두 있는 곳이어야 하고 과학자에겐 장비와 연구 자금이 필요합니다.

"천재가 될 가능성을 높이고 싶다면 대도시나 대학교가 있는 곳, 즉 인재들이 모이는 곳으로 이사하라."

크레이그 라이트, 이경식 옮김,《히든 해빗》(청림출판, 2021)

03

리더는 다른 의견을 구하는 자리

일본의 대표 기업 소니가 2012년 TV 신상품을 내놨습니다. 그런데 사내 프레젠테이션을 맡은 직원에게서 자신감이 보이지 않았습니다. "그 제품으로 삼성과 싸울 수 있습니까?"라는 물음에도 우물쭈물했습니다. 당시 사장에 취임한 지 얼마 되지 않은 히라이 가즈오는 눈앞이 캄캄해졌습니다.

'이대로 가다간 소니는 망한다'라고 생각한 히라이 사장은 '소니의 뿌리는 전자'라고 생각하는 조직문화부터 바꿨습니다. 반발을 무릅쓰고 PC 사업부를 매각하고, TV 사업부를 재편한 것입니다. 심지어 뉴욕 맨해튼에 있던 소니 사옥 '550 매디슨'까지 팔아치웠습니다. '글로벌 소니'의 탄생, 성공 신화의 상징이었던 빌딩을 매각하는 데 있어 반발이 만만치 않았지만 끝까지 밀어붙였습니다.

'550 매디슨'을 처분하며 내세운 명분은 '재무구조 강화'였지만 다른 이유도 있었습니다. "지금부터 구조 개혁에 착수한다"는 선언을 확실하게 하려는 것이었습니다. 히라이 사장은 "한 번 결정하면 반드시 실행한다. 거기에 성역이 끼어들 틈은 없다"라는 메시지를 전사적으로 전하고 싶었습니다.

그로부터 6년 뒤, 소니는 역대 최대 실적을 올리며 '환골탈태'의 성공을 전 세계에 알렸습니다. 2020년에는 창사 이래 처음으로 순이익 1조 엔(약 9조 7,000억 원)을 넘어섰는데, 주종 품목이 과거와 완전히 달라졌습니다. 소비자들이 사고 싶어도 제품이 없어서 못 산다는 플레이스테이션5, 세계 최정상 음악가들의 소속사이자 음원사인 소니뮤직, 일본 역대 흥행 기록을 모두 갈아치운 애니메이션 〈귀멸의 칼날〉 등은 '가전왕국' 시절의 주역들을 모조리 바꾼 뒤에 받은 성적표였습니다.

히라이 사장이 소니를 성공적으로 뒤바꿀 수 있었던 이유는 그가 회사 내에서 '아싸(아웃사이더)'였기 때문입니다. 그는 젊은 시절 음악이 좋아 CBS소니에 입사했고, 아티스트 지원 업무를 맡는 등 주로 변방의 일을 해왔습니다. 직장보다는 개인이 중요하다는 마인드로 주말마다 취미생활에 열중한 그는 "주류사회에서 조금 벗어나 살아온 것이 경영자로서 철학의 기본이 됐다"고 말합니다.

그는 "경영자에게 전술이나 전략 같은 방책도 중요하지만 그것만으로는 조직을 되살릴 수 없다. 모든 사원과 신뢰 관계를 쌓고

곤경에 맞서기 위해서는 리더의 EQ(Emotional Quotient, 마음의 지능지수)가 높아야 한다"고 강조했습니다. 사원들의 가슴 깊은 곳에 숨겨진 '열정의 마그마'를 터뜨리고, 팀으로서의 역량을 최대한 끌어내야 하기 때문입니다.

히라이 사장이 새기는 리더로서의 철학은 '아는 척하지 않는다'와 '이견을 구한다'입니다. "이견이란 글자 그대로 다른 의견을 뜻한다. 아무리 우수한 사람이라도 특정 사업의 모든 것을 알 수는 없다. 설령 어떤 분야에 정통한 사람이라도 다른 사람의 발언에서 힌트를 얻어 생각지도 못했던 새로운 발상을 하게 되는 일이 왕왕 있다"며 그는 이런 바탕 위에서 최종적인 결정을 내리고, 고된 일을 자처하는 게 리더의 역할이라고 말합니다.

"리더가 된 초기에는 '책임은 내가 진다'는 것을 구성원들에게 의식적으로 알려야 한다. 단도직입적으로 말하면 리더의 역할이란 방향을 정하는 것, 그리고 그것에 대해 책임을 지는 것이다."

히라이 가즈오, 박상준 옮김, 《소니 턴어라운드》(알키, 2022)

04

CEO의 본질은 큐레이팅

마이크로소프트(MS)의 CEO 사티아 나델라가 또 하나의 이정표를 세웠습니다. 2021년 6월, MS 이사회 의장에 선임된 것입니다. 창업자인 빌 게이츠를 제외하고 한 사람이 MS 이사회 의장과 CEO를 모두 맡게 된 것은 그가 처음입니다. 인도에서 대학까지 마치고 미국에 유학 갔던 말단사원 출신의 나델라가 세계 최대 소프트웨어 기업에서 대단한 '아메리칸 드림'을 이뤄낸 것입니다.

MS는 2014년 2월, 나델라가 CEO에 오른 뒤 부활했습니다. PC 시장이 쪼그라들면서 기울어가던 회사를 그는 클라우드 컴퓨팅을 새 성장 동력으로 삼아 다시 일으켜 세웠습니다. 그의 지휘 아래 MS 주가는 7배 이상 올랐고, MS의 시가총액은 미국 기업 중 애플에 이어 2위를 차지하고 있습니다(2022년 8월 기준).

그가 일궈낸 '대반전'이 얼마나 엄청난 것인지에 대해 조금 더 알 필요가 있습니다. 1975년 창립 이후 줄곧 '세계 최고 기업'이란 수식어가 붙었던 MS는 세계 시장을 석권한 컴퓨터 운영체제(OS)로 인해 오히려 발목이 잡혀 있었습니다. 모바일 시장이 폭발적으로 성장하면서 PC시장이 급격하게 추락해갔고, MS에는 이런 상황을 타개할 만한 무기가 없었습니다. 이것이 게이츠의 창업 동지였던 MS의 2대 CEO 스티브 발머가 2014년에 퇴진한 배경입니다.

발머는 물론 게이츠조차 보지 못한 것을 나델라는 꿰뚫어봤고, 회사 체질을 완전히 뜯어고쳤습니다. '독점과 폐쇄'에서 '개방과 연결'이라는 시대 흐름에 주목한 것입니다. 그는 덕분에 '모바일 퍼스트, 클라우드 퍼스트'로의 사업 전환을 성공적으로 이뤄냈습니다. 게이츠와 발머 시절 MS는 경쟁사를 시장에서 퇴출시키기 위해 수단과 방법을 가리지 않은 것으로 악명이 높았습니다. 경쟁사였던 애플과 구글, 리눅스 등을 '적'으로 규정하고 치열하게 싸웠던 것입니다.

나델라는 발상의 전환 없이는 회사가 살아날 수 없음을 절감하고 '협력과 연결'을 새로운 사업 방향이자 경영 모토로 삼은 뒤 애플의 iOS와 구글 안드로이드에 사용할 수 있는 오피스앱을 발표하고, 클라우드라는 새 사업에 진출하는 결단을 내렸습니다.

"경쟁보다는 공존을 꾀하며 제로섬 게임 논리에 갇히지 않고, 시장의 파이를 키우고자 했던 경계 없는 파트너십이 MS의 재도약에

날개를 달아줬다."

그의 경영회고록《히트 리프레시》에 나오는 내용입니다.

나델라는 MS의 문화를 새롭게 바꾸고 대담한 도전을 이어나갈 수 있었던 원동력으로 '공감(empathy)'을 꼽습니다. CEO에 취임하자마자 수많은 직원들을 만나 그들의 이야기에 귀 기울이며 "우리 회사가 존재하는 이유는 무엇인가?" "우리 회사의 영혼은 무엇인가?"와 같은 근본적인 질문을 던졌습니다. 직원들과 공감대를 형성하며 기업문화를 대전환시키기 위해 노력한 그는 CEO의 역할에 대해 다음과 같이 강조합니다.

"CEO의 본질은 문화를 큐레이팅하는 데 있다."

사티아 나델라, 최윤희 옮김, 《히트 리프레시》(흐름출판, 2018)

05

일보다 사람을 먼저 생각하라

2009년 11월 8일, 아프가니스탄의 한 지역을 가로질러 가던 미국 해병대가 기습 공격을 받았습니다. 부대를 이끌던 윌리엄 스웬슨 대위 눈앞에 대원 몇 명이 쓰러졌습니다. 중사 한 명은 목에 총상을 입었습니다. 스웬슨은 방탄헬멧을 쓸 겨를도 없이 전투 현장을 지휘하는 한편, 헬리콥터를 긴급 호출해 부상자들을 태웠습니다. 그는 서둘러 전투에 복귀하기 전 허리를 숙여 헬기에 실려 가는 부상병들의 이마에 입을 맞추었습니다. 그 모습이 대원 헬멧에 부착된 카메라에 담겼습니다.

미국 전역에 방송된 이 장면은 미국인들에게 큰 감동을 안겼습니다. 스웬슨 대위는 어떻게 최악의 상황에서도 부하에 대한 인격적인 존중을 잊지 않았을까요? 그런 리더십은 어디에서 나오는 것일까요? 미 해병대원들의 식사 습관에 답이 있습니다. 미 해병대원들은 최하급자가 가장 먼저, 최상급자가 가장 나중에 배식을 받습니다. '자신의 필요보다 기꺼이 타인의 필요를 우선하는 마음가짐'이 미 해병대가 추구하는 리더십입니다. 즉 "리더십이라는 특권을 누리려면 자신의 욕심을 희생할 필요가 있다"는 것입니다.

미 해병대가 조직의 역량을 최고조로 끌어올리며 막강한 전투력을 갖췄다는 평가를 받는 것은 이런 특유의 리더십 덕분입니다. 이런 리더십의 원칙은 일반 기업에도 똑같이 적용할 수 있습니다. 미국 패스트푸드 소닉의 CEO를 지낸 클리포드 허드슨은 "위대한 리더가 될 수 있는 유일한 방법은 일방적인 통제권을 포기하는 것이다. 리더에게는 거대한 배를 뒤집는 뛰어난 능력보다 개인과 팀이 가진 수많은 자원을 한데 모으는 것이 중요하다"고 말합니다.

일방통행식 리더십의 해악을 단적으로 일깨워주는 연구 결과가 있습니다. 영국의 병원 직원 100명에게 12시간씩 교대 근무를 하는 동안 활동추적기를 달게 했습니다. 근무가 끝날 무렵 직원들에게 얼마나 피곤한지 물어보았는데 "가장 피로를 느낀 건 가장 많이 움직인 사람이 아니라 자기 일을 스스로 통제할 수 없다고 느낀 사람들이었다"라는 놀라운 결과가 나왔습니다.

허드슨은 '결과 중심'의 경직된 리더십 모델이 조직을 망친다고 강조합니다.

"리더들은 어떤 결과가 나와야 하는지를 혼자 결정해야 한다면서 스스로를 압박하고, 자기가 내린 결론이 옳다고 다른 사람들을 납득시키고자 하는 실수를 저지르곤 한다."

이렇게 하면 구성원들이 즉석에서 학습할 수 있는 능력이 완전히 사라지며, 다른 팀원들의 재능과 기술을 활용하지도 못합니다.

리더에게 무엇보다도 중요한 것이 '유연성'입니다.

"우리는 일자리나 본업, '정말 중요한 것들'을 잃을지 모른다는 두려움 때문에 변화와 유연성을 거부하는 일이 많다. 다음 날 아침 출근을 위해 일찍 일어나야 한다는 이유로 뭔가를 미룬 경우가 얼마나 많은가? 뇌 공간을 많이 차지하는 긴급한 문제 때문에 대화를 피하거나 다른 생각을 품지 못한 적이 몇 번이던가?"

스웬슨 대위는 진정한 리더십의 원천이 무엇인지를 단적으로 보여주었습니다.

"여러분이 이끄는 사람들이 눈에 보이는가? 진짜로? 그들이 하는 일뿐만 아니라 그들이 누구인지 알고 있는가?"

리더십은 '사람에 관한 것'이므로 사람들을 소중하게 여기고 이해하지 않으면 온전하게 이끌 수 없다고 허드슨은 말합니다.

"동료와 얘기를 나눌 때는 그가 잡역부든 임원이든 상관없이 항상 그가 하는 일 이전에 사람이 존재한다는 걸 기억하자. 그들은 성과를 만들기 위한 도구나 자원 이상의 존재다."

클리퍼 허드슨, 박선령 옮김, 《리더가 다 잘할 필요는 없다》(갤리온, 2022)

‖ 06 ‖

'감정 용기'를 갖춰라

누군가에게 무슨 말을 해야 하는데 불편한 얘기라서 망설인 경험이 있을 것입니다. 엄두가 나지 않는다는 핑계로 입을 다물었다가 후회하는 경우도 있습니다. 컨설팅 전문가 피터 브레그먼은 "조직 구성원들의 잠재력을 이끌어내려면 리더가 자신감을 갖고 불편한 상황을 이겨내야 한다"고 말합니다. 불편한 감정을 피하려 들면 생산성이 떨어지고, 조직의 성과에도 악영향을 미친다는 것입니다.

또한 "회사의 부서별로 높게 쌓인 벽, 사내 정치, 부정적인 문화, 고객, 시장 등 조직 내에서 발생할 수 있는 온갖 장애물 가운데 팀원들의 최대 잠재력을 막는 가장 큰 장애물은 단연 '감정 용기'의 결함이다"라고 말합니다. 반대로 어떤 감정이든 기꺼이 느끼겠다고 마음먹으면 목표를 향해 가는 데 막대한 견인력을 얻을 수 있다고 합니다.

"두려운 대화를 나눠야 한다면 당신이 두려워하는 그 부분부터 말을 꺼내라. 첫 문장에 결론을 내놓아라. 두렵고 망설여지는 말을 첫마디에 꺼내면 불안을 줄여줄 뿐 아니라 시간도 절약해준다."

그렇게 하면 상대방이 내 말의 결론이 마음에 들지 않는 경우라도 깊은 유대감을 갖게 될 수 있다는 것입니다.

브레그먼은 조직의 리더가 훌륭한 일을 해내도록 구성원들을 결집하기 위해서는 다음 네 가지 역량이 필요하다고 말합니다.

① 자신감을 키운다.
② 사람들과 유대를 맺는다.
③ 목적에 전념한다.
④ 감정 용기를 기른다.

그가 특히 강조하는 것은 구성원들에 대한 신뢰입니다.

"사람들이 자신을 믿기 바란다면 먼저 그들을 믿어야 한다."

이에 못지않게 중요한 것은 제대로 '경청하기'입니다. 상대방이 무슨 말을 하고 있는데 이메일을 확인하거나 인터넷을 검색하고, 할 일을 메모하는 것만이 '딴 짓'이 아닙니다. '이 사람 말이 끝나면 무슨 말을 해줄까' 생각하는 것도 딴 짓입니다. 브레그먼은 "듣기만 하라. 멀티태스킹을 하면 안 된다"며 오직 상대가 하는 말에만 집중할 것을 주문합니다.

해야 할 말을 하는 것에 대해 겁내거나 망설이지 않는다고 해서 리더에게 필요한 '감정 용기'를 다 갖췄다고 할 수는 없습니다. 감정을 제대로 다스리는 것이 중요하다며 브레그먼은 묻습니다.

"남에게 감기가 옮았다고 당신도 다른 사람에게 재채기를 해대며 바이러스를 뿌려도 되는가?"

누군가로부터 기분 나쁜 일을 당했다고 해서 그 감정을 함부로 옮겨서는 안 된다는 말입니다. "당신 마음을 상하게 한 다른 사람을 탓할 수는 있지만 그 기분을 남에게 전달하느냐 마느냐는 온전히 당신 몫이다"라며 스스로 감정을 다스릴 줄 아는 것도 '감정 용기'의 빼놓을 수 없는 부분이라는 사실을 강조합니다.

참된 리더가 되기 위해서는 '단단한 (감정의) 땅 위에 서는 것'도 중요합니다. 브레그먼은 감정에 흔들리지 않는 태도를 강조하며 다음과 같이 말합니다.

"당신의 자아는 주변 상황이 바뀐다고 해서 달라지지 않는다. 모욕을 들은 뒤의 당신과 칭찬을 들은 뒤의 당신은 다른 사람이 아니다. 그런 일이 있은 뒤 느끼는 감정은 달라질 수 있겠지만 그렇다고 당신이 다른 사람이 된 것은 아니다."

피터 브레그먼, 구세희 옮김, 《팀장 감정 수업》(청림출판, 2020)

07

중동 사막에서 본 것과 보지 못한 것

1975년 여름, 박정희 대통령이 공무원들에게 '중동에서 달러를 벌수 있는 기회'를 살펴볼 것을 지시했습니다. 석유 값 급등으로 돈 방석 위에 올라앉은 사우디아라비아 등 중동 산유국들이 대대적인 건설 프로젝트를 추진하던 때였습니다. 현장에 다녀온 공무원들은 "중동은 날씨도 덥고 물이 부족해서 공사를 진행하기 힘들다"고 보고했습니다.

박 대통령이 이번에는 현대건설의 정주영 회장을 불렀습니다. 대통령의 제안으로 중동에 다녀온 정 회장은 공무원들과 정반대의 의견을 내놓았습니다.

"중동은 세상에서 가장 건설 공사를 하기에 좋은 곳입니다. 비가 오지 않으니 1년 내내 공사할 수 있고, 자갈과 모래가 현장에 있어서 골재를 조달하기 쉽습니다. 물은 현장에 실어 나르면 해결되고, 더위는 낮에 자고 밤에 일하는 것으로 극복할 수 있습니다."

"건설 지옥이었던 중동이 천국으로 바뀌는 순간이었다."

시인과 수필가로 활동하며 기독교 출판사인 성서원을 이끌고 있는 김영진 회장이 관련 에피소드를 전할 때마다 덧붙이는 말입니다. 그는 "사람에게 에너지를 더해주는 생각이 있는가 하면, 에너지를 뺏어가는 생각이 있다. 긍정적인 생각은 꿈과 성공을 응원하고 지원하는 힘이 된다. 반면 부정적인 생각은 모든 노력을 쓸모없게 만들고 불행에 빠뜨리는 씨앗이 된다"고 말합니다.

또한 김 회장은 "인류 최대의 비극은 가진 것에 대해서는 거의 생각하지 않지만 갖지 못한 것에 대해서는 언제나 지나치게 생각하는 경향이 있다는 것이다. 이런 사고방식이야말로 그 어떤 재난이나 전쟁보다 인류를 불행하게 만드는 원인이 된다"고 지적합니다. "오늘 하루, 나는 감사를 심었는가? 불평을 심었는가? 거기에 따라 내일이 달라진다"며 감사의 마음을 품으면 감사할 일이 자꾸 생겨나고, 불평불만을 일삼으면 불평불만을 터뜨릴 일이 자꾸 생겨난다는 그의 조언은 우리를 돌아보게 합니다.

세상을 똑바로 보려면 생각의 창을 닦아야 합니다. 김 회장은 "농부가 밭을 갈 듯이 생각의 밭을 갈아야 한다. 생각의 창을 닦으면 세상이 보이고 미래가 보인다. 막힌 길이 뚫리고 절망이 희망으로 변한다"고 말하며 서정주 시인이 생전에 머리가 녹슬지 않도록 팔순이 넘도록 아침마다 세계의 산 이름을 1,600여 개나 외운 것을 떠올렸습니다.

시인은 이렇게 고도의 정신 운동을 통해 사람들이 생각의 창을 닦도록 이끌어주는 존재입니다. 영국의 시인 윌리엄 블레이크가 쓴 〈순수를 꿈꾸며〉는 작은 사물과 순간순간을 통해서도 세상의 큰 이치를 깨달을 수 있음을 일깨워줍니다.

"한 알의 모래 속에서/ 세계를 보고/ 한 송이 들꽃 속에서/ 천국을 본다 /손바닥 안에 무한을 거머쥐고/ 순간 속에서 영원을 붙잡는다."

김영진,《1일 1페이지 지혜의 말》(엘도라도, 2021)

08

로마의 역사에서 답을 구하라

이탈리아의 작은 산골 마을에서 시작한 로마제국은 '세계사의 경이(驚異)'로 불립니다. 2,200년 동안 유럽은 물론 아시아와 아프리카까지 정복하는 대제국을 이루며 많은 문화와 문명 유산을 남겼습니다. '로마 알파벳' 문자와 태양력 사용을 비롯해 법(法) 제도 운영과 미술·건축 등 여러 분야에서 세계 표준을 제시했습니다. 지금까지도 세계적으로 큰 영향을 미치는 다양한 업적을 남긴 로마의 성공 요인으로 '개방성'과 '시스템'이 꼽힙니다.

로마를 그런 영도(領導) 국가로 일궈낼 수 있었던 것은 현명하고 강력한 리더십을 발휘한 지도자가 많았기 때문입니다. 로마사 전문가인 서울대학교 김덕수 교수는 그중에서도 주목할 만한 지도자 모델로 카이사르와 아우구스투스, 디오클레티아누스와 콘스탄티누스를 꼽습니다.

카이사르는 결단과 포용, 관용의 정치로 로마의 전성기를 이끌었습니다.

"힘이 없을 때는 정치 세력을 끌어 모아 제휴하는 데 주저함이 없었고, 위기의 순간에는 과감하게 결단했다."

어떤 결과가 나올지 모르는 상황에서 루비콘강을 건넜으며, 폼페이우스와의 내전에서 승리한 뒤에는 모든 시민을 포용해 국가 발전을 도모했습니다.

"관용이라는 뜻의 라틴어 '클레멘티아(clementia)'는 그가 가장 먼저 내건 구호였다."

아우구스투스는 카이사르가 세운 제국의 기초를 차곡차곡 다진 인물입니다. '천천히 서둘러라(festina lente)'가 좌우명이었던 그는 해야 할 일을 성실하게 꾸준히 한 단계씩 이뤄냈습니다. 원로원의 위상을 존중하면서도 자신과 호흡을 맞추도록 서서히 개조해 국정 파트너로 삼는 정치력을 발휘했습니다.

디오클레티아누스는 식민지 해방 노예의 아들로 태어났지만 50년간 황제가 열여덟 차례나 바뀐 혼란한 정국을 안정시킨 '중흥의 군주'입니다. 그는 로마 본토의 귀족 출신이 아니더라도 능력이 있으면 얼마든지 훌륭한 제왕이 될 수 있음을 스스로 증명했습니다.

마지막으로 콘스탄티누스는 밀라노 칙령과 니케아 공의회를 통해 기독교를 공인하는 길을 열었습니다. 당대 종교적 갈등을 무마

해 국력을 한데 모을 수 있는 기틀을 다졌고, 확장한 영토를 효율적으로 다스리기 위해 유럽 동쪽 끝 비잔티움으로 수도를 옮기는 결단을 내렸습니다. 김 교수는 말합니다.

"콘스탄티누스는 제국에 영원한 생명의 숨결을 불어넣었다."

"모든 길은 로마로 통한다" "로마는 하루아침에 이뤄지지 않았다" 등 지금도 회자되는 격언들은 로마가 후세에 남긴 유산이 얼마나 위대한 것이었는지 일깨워줍니다.

"혼란의 시기, 한치 앞을 내다보기 어려운 갈림길을 마주할 때마다 사람들은 로마의 역사에서 해답을 구했다."

김 교수는 로마가 기록 속에 박제된 제국이 아니라 현재까지도 끊임없이 현대인들에게 영향을 끼치며 살아 숨 쉬는 역사이자 문화임을 강조했습니다.

"로마가 걸었던 길은 후대인들에게 올바로 가고 있는지를 확인하는 이정표가 됐다. 리더 한 사람으로 인해 나라가 흥하기도 하고 망하기도 한다. 훌륭한 리더는 그 자신에게도, 국민에게도 중요하다는 사실을 로마의 역사가 말해준다."

김덕수, 《그들은 로마를 만들었고, 로마는 역사가 되었다》(21세기북스, 2021)

09

아무것도 하지 않는 죄

1989년 10월, 미국 샌프란시스코의 베이브리지가 강진(强震)으로 파손되었습니다. 밤낮 없는 복구 작업 끝에 교각은 6주 만에 재개 통됐지만 고속도로 구조물과 출구로는 1년 6개월 넘게 방치됐습니다. 기술이나 비용 문제 때문이 아니었습니다. 어디를 어떻게 복구해야 할지 결정이 미뤄진 탓이었습니다. 의사결정이 늦어지면서 자동차 운전자들은 해당 구간을 우회해야 했고, 연간 2,300만 달러의 손실이 발생했습니다.

　미국의 스탠퍼드대학교 경영대학원 석좌교수인 제프리 페퍼는 이를 두고 "적절한 조치를 할 수 있도록 정치적 자원을 충분히 동원하지 못해 발생한 일종의 기능 마비 상태를 보여준 전형적인 사례"라며 다음과 같이 말했습니다.

"아이디어와 결정된 일을 실행에 옮기지 못하는 리더의 무능함이 오늘날 조직 내에 만연해 있다. 권력을 겁내는 리더는 조직을 망하게 한다."

그는 리더의 이러한 무능이 권력을 제대로 행사하지 못하는 데서 온다고 생각했습니다.

"권력은 의사결정을 실행하는 힘이며 반대 세력에 맞서 자기가 뜻한 바를 이루겠다는 의지와 욕구, 지식과 역량이다. 리더십의 위기는 너무 많은 사람이 권력을 행사해서가 아니라 리더가 권력이라는 쟁점을 회피하는 데서 시작된다."

리더가 통찰력과 비전을 갖췄고, 올바른 일이 무엇인지를 알더라도 그것을 실행하지 못하면 아무 소용이 없습니다. "그냥 실행하면 되지, 뭐가 문제냐"고 할 수 있지만 말처럼 쉽지 않습니다. 사람들이 리더가 행사하는 권력에 대해 이중적인 태도를 갖기 때문입니다. 이에 대해 페퍼는 말합니다.

"조직에서 권력과 영향력이 존재해서는 안 된다고 생각하는 것이야말로 오늘날 많은 기업이 직면한 문제다."

그래서 진정성 있는 설득력을 발휘하는 게 중요합니다.

"지위가 갖는 권력의 행사는 단지 공식적인 권위를 갖고 있다는 것만을 의미하지 않는다. 유능한 사람이라는 평판을 쌓아서 유지해야 하고, 실제로 일을 성취할 수 있는 능력이 있어야 한다. 이 두 가지 요소를 모두 갖춰야 하는 것이다. 사람들은 논리에 의해 설득

된다. 그러나 감정에 따라 움직인다."

페퍼의 말처럼 '감정'도 권력을 행사하는 좋은 방법입니다.

문제는 조직 내 업무의 전문화가 심화될수록 의견 차이가 발생할 가능성이 커진다는 점입니다. 다루는 업무 분야와 전공, 배경의 차이가 구성원들이 상황을 서로 다른 관점에서 보게 하기 때문입니다. 마케팅 전문가는 매출과 시장점유율 데이터, 생산 전문가는 제조 비용과 재고량 데이터가 중요합니다. '서로 다른 동기가 세상을 다르게 바라보도록 만드는 것'입니다.

이런 문제를 뚫고 '권력'을 행사해야 하는 것이 리더의 숙명입니다.

페퍼는 "권력으로 조직 내 오류를 발생시키고 다른 사람에게 일방적인 영향력을 행사하는 것보다 더 큰 죄는 아무것도 하지 않는 죄"라며 행동하는 리더의 중요성을 다음과 같이 강조합니다.

"도전과 기회, 또는 큰 문제에 직면했을 때 수동적인 자세를 취하는 것이야말로 조직을 망치는 지름길이다. 유능한 리더가 되고 싶다면 권력을 확대하고, 이 힘을 바탕으로 참여하려는 의지를 강화해야 한다."

제프리 페퍼, 안세민 옮김, 《파워》(시크릿하우스, 2020)

10

군중은 지혜롭지 않다

"범죄 전력이 없는 두 남성이 각각 58달러 40센트와 35달러 20센트에 해당하는 위조 수표를 현금화한 혐의로 법정에 섰다. 첫 번째 남성은 징역 15년을 선고받은 반면 두 번째 남성에겐 징역 30일이 언도됐다."

1973년 미국의 마빈 프랑켈 판사가 사법제도의 안정성에 문제를 제기하며 든 실제 사례입니다. 이뿐만이 아닙니다. 판사에 따라 미국의 마약상은 징역 1년에서 10년, 은행 강도는 징역 5년에서 18년을 선고받은 것으로 드러났습니다.

도대체 이렇게 말도 안 되는 일이 왜 생기는 걸까요? 노벨경제학상을 받은 행동경제학의 창시자 대니얼 카너먼은 판단 과정에 끼어드는 인간의 오류를 '잡음(noise)'이라고 이름 붙인 뒤 "편견보다 더 고약하다"고 말합니다. 판단이 있는 곳에 잡음이 있고, 그 잡음은 우리가 생각하는 것보다 더 많다는 것입니다. 그는 잡음이 판단보다 고약한 이유에 대해 다음과 같이 설명합니다.

"특정 인종이나 성별 등에 대해 갖고 있는 편견은 일정한 방향성을 보이므로 예측이 가능하다. 의도나 인물을 바로잡는 방식으로 오류를 제거할 수도 있다. 그러나 잡음은 판단을 내린 당사자조차 알아차리기 힘들다는 점에서 더 까다롭다."

실제로 같은 판사라도 그가 처한 상황, 즉 '잡음'에 따라 다른 판결을 내린다는 연구 결과가 많습니다.

"수천 건의 소년 법원 판결을 조사했더니 판사들은 지역 축구팀이 경기에서 승리한 다음 날보다 패배한 다음 날 더 가혹한 판결을 내렸다."

피고인들이 판사 생일에 더 관대한 판결을 선고받았다거나 "더운 날에는 망명 신청이 받아들여질 가능성이 낮다"는 연구 결과도 있습니다.

판단 오류를 일으키는 '잡음'은 군중 사이에서 더 심각하게 나타납니다. 흔히들 '집단 지성'이 개인의 판단보다 더 정확할 것이라고 생각하지만 카너먼은 그렇지 않다고 말합니다. 이스라엘의 히브리대학교 연구진이 댓글 추천 수에 따라 게시 글 순위가 결정되는 인터넷 커뮤니티를 대상으로 실험한 결과는 인간이 얼마나 부화뇌동(附和雷同)하는지를 잘 보여줍니다.

"연구진이 추천 수가 0이던 댓글 하나를 무작위로 골라 처음으로 추천 버튼을 누르자 다음 사람이 그 댓글에 추천을 누를 가능성이 35퍼센트 증가했다. 5개월 뒤엔 이 댓글이 달린 게시 글 순위가 평균 25퍼센트 상승했다."

첫 번째 추천이 커뮤니티 이용자들의 판단에 영향을 끼치는 '잡음'으로 작용한 것입니다. 카너먼은 말합니다.

"어떤 집단에서 한 명이 먼저 찬성을 나타내면 나머지는 찬성할 이유를 갖게 된다. 집단이 어떤 제품, 사람, 아이디어를 지지한다면 이는 그 제품 등의 장점 때문이 아니라 '첫 번째 추천'과 기능적으로 같은 효과를 내는 뭔가 때문이다."

그에 따르면 인간이 잡음에 이렇게 취약한 것은 '잡음의 보이지 않는 특성 때문'입니다.

"그래서 방치된다. 잘 보이고, 진단과 처방이 가능한 편향과는 다르다."

카너먼은 그런 잡음을 아예 없앨 수는 없지만 줄일 수 있는 방법은 있다며 '잡음 축소를 위한 여섯 가지 원칙'을 다음과 같이 제시합니다.

① 사람 간 잡음을 줄이려면 알고리즘을 활용하라. 알고리즘은 통찰력이 없지만 '무잡음'이 강점이다.
② 개인의 경험에 바탕을 둔 인과적 사고 대신 외부적인 자료와

관점을 이용하라.

③ 판단을 독립적인 과제로 구조화하라.

④ 이른 직관을 참아라. 통계와 데이터를 먼저 살펴본 뒤 의사결정의 최종 순간에 직관을 허용하라.

⑤ 여러 독립적인 판단을 집계하라.

⑥ 상대적 판단과 척도를 활용하라. 각각의 가치에 평점을 매기는 것보다 줄을 세워 등급을 매기는 편이 판단의 질을 높이는 방법이다.

대니얼 카너먼, 장진영 옮김, 《노이즈》(김영사, 2022)

‖ 11 ‖

최고의 의사결정을 위한 원칙

2차 세계대전 당시 미국 대통령이었던 해리 트루먼은 1945년 8월 일본에 원자폭탄을 떨어뜨리기로 결정했습니다. 전쟁 종식을 앞당기기 위한 결단이었지만 지금까지도 논란이 끊이지 않습니다. 또 다른 대학살로 이어졌기 때문입니다. 그러나 트루먼 대통령은 그런 결정을 하고 난 뒤에 숨지 않았습니다. "어떤 비판을 받더라도 모든 책임은 내가 진다"는 것이 자신이 내린 결정에 관한 그의 첫 번째 원칙이었습니다. 그에게는 많은 조언자들이 있었지만 조언이라도 항상 최선의 방향이나 진심이 담긴 것은 아니라며 그들의 조언을 그대로 받아들이지 않고 그들의 이해관계와 의도, 동기들을 주의 깊게 판단했습니다.

역사의 판도를 뒤흔든 주요 인물들의 의사결정에는 이처럼 깊은 고뇌와 성찰이 담겨 있습니다. 미국의 커뮤니케이션 전략가 로버트 딜렌슈나이더는 "사람들은 흔히 결정이 직감에서 비롯된다고 생각하지만 훌륭한 의사결정을 위해서는 훈련이 필요하다. 직감 역시 오랜 경험과 학습이 쌓여 만들어진다. 결정의 원칙을 세우고 삶에 반복적으로 적용해야 한다"고 말합니다.

내셔널 지오그래픽의 조사에 따르면 인간은 하루에 평균 150번의 선택을 합니다. 점심 메뉴를 정하는 것에서부터 자산 투자, 건강에 관한 중요한 결정까지 매순간 많은 결정과 마주합니다. 딜렌슈나이더가 꼽는 첫 번째 의사결정의 원칙은 '중요한 결정은 스스로 내려야 한다'는 것입니다. 1982년 포클랜드 전쟁을 승리로 이끈 마거릿 대처 영국 총리는 전쟁 경험이 전무했지만 굳은 소신과 냉철한 판단력, 주변의 조언을 걸러 들을 줄 아는 현명함으로 고비 때마다 탁월한 결정을 내렸습니다.

그의 두 번째 의사결정의 원칙은 '나를 방해하는 진짜 장애물에 집중하라'입니다. 미국의 자동차 기업가 헨리 포드는 1900년대 초반 높은 이직률을 해결하기 위해 직원들의 하루 임금을 2.5달러에서 5달러로 두 배 올렸습니다. '직원들의 사기 저하'라는 장애물을 명확하게 꿰뚫는 한편, 자신의 제조 공정에 대한 확신을 토대로 내린 이 결정은 큰 성공을 거뒀습니다. 임금 인상분을 상쇄하고도 남을 만큼 생산성이 향상됐고, 자동차업계의 판도를 바꿔버렸습니다. 미국 경제지 《포천(fortune)》이 포드의 이런 결정을 '비즈니스 역사상 최고의 결정'으로 선정한 이유입니다.

그의 세 번째 의사결정의 원칙은 '결정을 위한 최고의 타이밍을 잡아라'입니다. 미국의 16대 대통령 에이브러햄 링컨은 남북전쟁 중 북군의 전세가 유리해지는 상황에 맞춰 노예해방선언을 발표했습니다. 선언문은 몇 개월 전에 작성했지만 최고의 타이밍을 위해 치밀하게 계획하고 기다렸던 것입니다.

"아무리 뛰어난 결정이라도 최적의 시기를 놓치면 무용지물이다. 최대한 자신에게 유리한 상황에서, 전체적인 그림을 파악할 수 있을 때 신중하게 결정해야 한다."

딜렌슈나이더는 더 나은 결정이 더 나은 삶을 이끈다고 강조합니다.

"우리 인생은 우리가 내린 선택의 합이다. 크고 작은 결정들이 모여 삶의 방향을 결정짓는다. 따라서 결정 능력이 향상되면 삶의 질이 달라진다."

로버트 딜렌슈나이더, 이수경 옮김, 《결정의 원칙》(인플루엔셜, 2021)

12

'디즈니 리더십'의 10대 원칙

'콘텐츠 제국' 디즈니가 늘 잘해온 것은 아닙니다. 15년 전 로버트 아이거가 여섯 번째 CEO로 취임했을 때 디즈니는 침체의 나락으로 떨어지고 있었습니다. 그랬던 회사가 픽사, 마블, 루카스필름, 21세기폭스 등 콘텐츠 거물들을 잇달아 사들이면서 대도약을 시작했습니다. 전통 미디어 기업들의 집단 침몰 속에서 독보적인 반전을 이뤄낸 디즈니의 부활은 세계 경영 역사상 가장 극적인 브랜드 부활 사례로 꼽힙니다.

변화무쌍한 미디어 환경에서 디즈니를 여전히 강력한 '100년 브랜드'로 일궈낸 아이거의 힘은 어디에서 나온 걸까요? ABC방송국 드라마 제작부의 연출 보조로 직장생활을 시작한 그가 가장 먼저 마음에 새긴 것은 '어떤 직무든 상사들에게 배우려는 태도'였습니다.

"나의 상사들은 모든 것이 완벽한 사람들이 아니었다. 하지만 그들의 약점이 아닌 강점에 집중했다."

드라마 제작부 상사였던 룬과의 만남이 그것의 대표적 사례입니다. "너무 사소해서 무시해도 좋은 세부사항이라는 건 없다"는 신조를 가진 룬은 방송 직전에 프로그램 전체를 뒤집어엎고 재작업을 지시하는 경우가 다반사였습니다. 그때마다 모든 스태프가 편집실에서 밤을 새워야 했고 스트레스를 못 견뎌 퇴사를 고려하는 사람이 많았지만 아이거는 룬의 부정적인 면이 아니라 '완벽을 추구하는 자세'를 자신의 신조로 삼았습니다.

이런 식으로 말단 시절부터 배워온 것을 다듬어낸 것이 아이거가 말하는 '진정한 리더십의 10가지 대원칙'입니다.

① 낙관주의: 비관론자에게는 동기부여나 활력을 얻지 못한다.

② 용기: 리스크 감수에는 용기라는 굳건한 토대가 필요하다.

③ 명확한 초점: 우선순위를 자주 그리고 명확하게 알려야 한다.

④ 결단력: 어려운 결정일지라도 시의적절하게 내려야 한다. 그렇게 할 수 없는 결정은 세상에 존재하지 않는다.

⑤ 호기심: 혁신의 길은 호기심에서 시작된다.

⑥ 공정성: 자신의 실수를 정직하게 인정하고 반성했다면 마땅히 두 번째 기회를 줘야 한다.

⑦ 사려 깊음: 뭔가 의견을 주장할 때는 정확한 정보를 바탕으로

견해를 개발하고 숙고해서 다듬어야 한다.

⑧ 진정성: 어떤 것도 조작하지 않아야 존중과 신뢰를 얻는다.

⑨ 완벽주의: 평범함을 거부하라. 뭔가 더 나아질 수 있다고 믿는다면 그에 걸맞은 노력을 기울여야 한다.

⑩ 고결함: 어떤 업무든 그것을 수행하는 방식이 다른 모든 것을 수행하는 방식과 똑같아야 한다. 그것이 고결함이다.

이런 그의 진정한 리더십의 10가지 대원칙은 '고결함'과 '진정성'이라는 두 가지 키워드로 수렴합니다. 아이거는 디즈니 임직원들에게 시종일관 '정치적으로 바람직하거나 상업적으로 바람직한 결정이 아닌 그냥 올바른 결정'에만 집중할 것을 주문했습니다.

"만약 당신이 뭔가를 만들어내는 비즈니스에 몸담고 있다면 그것을 최고로 위대하게 만들어라."

리더에게 가장 중요한 것은 '우선사항'을 반복적으로 명확하게 전달하는 것이라는 일깨움도 새길 만합니다. 그는 이에 관해 다음과 같이 말했습니다.

"리더가 우선사항을 명확하게 제시하지 못하면 주변 사람들은 일할 때 무엇에 우선순위를 둬야 하는지 알지 못한다. 그것이 위대한 경영자와 나머지를 가르는 요건이다."

로버트 아이거, 안진환 옮김, 《디즈니만이 하는 것》(쌤앤파커스, 2020)

13

노력의 산물, 메르켈 리더십

몇 해 전 독일어 사전에 'Merkeln(메르켈하다)'이라는 동사(動詞)가 새로 등재됐습니다. '한 걸음씩 앞으로 나아가 눈에 띄지 않게 목표에 도달한다'는 뜻입니다. 2015년 독일의 한 출판사는 'Merkeln'을 '젊은이들이 좋아한 올해의 단어'로 선정하기도 했습니다.

'Merkeln'은 2005년 11월 22일부터 2021년 12월 7일까지 16년 간 독일 최장수 총리를 지낸 앙겔라 메르켈의 이름에서 유래한 단어입니다. 이는 그가 독일 사회에 얼마나 큰 자취를 남겼는지 단적으로 설명해줍니다. 독일 최초의 여성이자 동독 출신 총리로 '비주류 중의 비주류'였던 그가 독일을 넘어 세계적으로 주목받는 정치 지도자가 된 비결을 일러주는 단어이기도 합니다.

"본인의 주관에만 치우치지 않고 객관적인 태도를 견지하며 이

성적으로 판단할 줄 아는 과학자, 권력을 과시하지 않고 겸손한 태도로 협상에 임하는 협상가, 때로는 정책 결정의 비효율을 경계하고 과감하게 결단을 내리며 자신이 옳다고 믿는 가치를 용기 있게 구현하는 리더.”

프랑스 언론인 마리옹 반 렌테르겜은 '메르켈 리더십'을 이렇게 요약했습니다. 그의 어린 시절 친구들, 동료들, 라이벌들을 인터뷰하며 총 정리한 결과였습니다.

렌테르겜에 따르면 메르켈은 독일, 특히 소속 정당인 기독교민주당에서 정치지도자가 되기에 약점이 가득한 인물이었습니다.

“그는 개신교도이자 이혼자였고, 동독 출신인데다 여성이었다. 어릴 때부터 정치 교육을 받은 서독 출신의 가톨릭교도 남성 엘리트들과 비교했을 때 완전한 비주류에 속했다.”

그랬던 그가 독일의 통일 직후인 1990년 12월 하원의원 당선과 동시에 여성청소년부 장관에 임명됐습니다. 당시 총리였던 헬무트 콜이 자신의 개방적 면모를 과시하기 위한 구색 맞추기용으로 그를 써먹은 덕분이었습니다.

메르켈은 자신에게 주어진 단 한 번의 기회를 놓치지 않았습니다. '아싸(아웃사이더)'인 자신의 상황을 철저하게 자신의 정치력을 키우는 자산으로 삼았습니다. 중요한 정치 현안을 해결해야 할 때 여러 사람을 모아 회의하기보다 1 대 1 대화나 전화 통화, 문자메시지 등을 활용해 소통과 설득의 효과를 높이는 식이었습니다.

그가 중앙 정치 무대에서 한계에 맞닥뜨릴 때마다 그것을 넘어선 비결은 특별하지 않습니다.

"더 노력해야 한다는 걸 깨달았다. 내가 말을 하면 그들은 내가 머리를 어떻게 손질했는지, 무슨 옷을 입었는지부터 쳐다보았기 때문에 한 10분은 지나야 내가 하는 말을 듣기 시작했다. 여성 정치인이 주의를 끌려면 남성 정치인보다 더 많은 시간이 필요하다."

메르켈은 자신의 회고록에서 이렇게 말했습니다.

한번은 10년 전 사진을 찍었을 때와 똑같은 옷을 입고 있다고 지적한 사진기자에게 이렇게 말하기도 했습니다.

"독일 국민에 봉사하라고 선출된 것이지 패션모델이 되라고 선출된 게 아니잖아요!"

'메르켈리즘'으로 불리는 실용주의, 신중함, 용의주도함은 그의 큰 정치적 자산이 됐습니다. 렌테르겜은 자신의 저서 《메르켈》에서 "서두르지 말고, 먼저 분석하고, 그다음에 행동하라. 이것이 메르켈 리더십의 비밀이다"라고 밝혔습니다.

메르켈은 '말을 아끼는 지도자'로도 유명했습니다.

"내가 하는 일이 내가 말하는 것보다 더 중요하다."

그가 독일 총리 시절에 입에 달고 다닌 말입니다. 또한 메르켈은 동독에서 만난 은사가 해준 말을 늘 가슴 깊이 새겼습니다.

"희망은 어떤 일이 잘될 거라는 믿음이 아니다. 결과가 어떻든 간에 그 일이 의미 있을 것이라는 확신이다."

지역구의 행사에서 한 참가자가 메르켈에게 "50년 뒤 역사책에서 당신이 어떻게 기억되기를 바라나요?"라고 묻자 그는 짧은 한 문장의 답을 내놓았습니다.

"그는 노력했다."

마리옹 반 렌테르겜, 김지현 옮김, 《메르켈》(한길사, 2022)

14

진흙 속 진주를 찾는 일

모든 시작이 그렇지만 프랑스 인상파 화가들의 출발은 비참했습니다. 19세기 후반 에두아르 마네, 오귀스트 르누아르, 폴 세잔 등이 개척한 인상파 미술 작품은 화단에서 늘 찬밥 신세였습니다. 마네의 대표작 〈막시밀리안의 처형(The Execution of Maximilian)〉은 그가 세상을 떠나자 처남이 조각을 내 처분했을 정도로 가족들에게조차 푸대접을 받았습니다. 폴 고갱의 〈마리아를 경배하며(Ia Orana Maria)〉 역시 지금은 각국의 미술교과서에 명화로 수록돼 있지만 1891년 작품을 완성한 직후 파리 뤽상부르 미술관에 기증하길 원했지만 거부당했습니다.

이런 인상파 화가들의 진가를 알아보고, 화단의 주류로 끌어올린 후견인이 프랑스의 미술상이었던 앙브루아즈 볼라르입니다. 그는 '사과의 화가'로 불리는 세잔의 삶을 설명할 때 꼭 함께 불려나오는 사람이기도 합니다. 볼라르는 훗날 "물감 가게에 외상 대금으로 저당 잡혀 있던 세잔의 그림을 보고 '복부를 정통으로 맞은 기분'이 들었다"고 회상했습니다.

법학도였던 볼라르는 미술상 일을 시작하자마자 세잔의 개인전을 열었습니다. 평론가는 물론 대중으로부터 냉랭함을 넘어 적대적인 반응이 쏟아졌습니다. 1895년 전시회 때는 세잔의 '목욕하는 여인들' 앞에서 한 남자가 같이 온 여자의 팔목을 잡고 이렇게 소리쳤다고 합니다.

"그림으로 상까지 받은 나한테 이런 걸 왜 보라고 하는 거야?"

이후에도 수많은 야유와 비난이 계속됐지만 볼라르는 세잔의 전시회를 멈추지 않았습니다. 결국 세잔은 후대의 많은 화가들에게 큰 영향을 주며 거장으로 역사에 남게 되었습니다.

'아방가르드(avant-garde: 전위 예술)'로 불리며 '듣보잡' 취급을 받던 인상파 화가들을 지켜준 것은 볼라르 자신에게도 큰 성공을 안겨주었습니다. 1895년 반 고흐 전시회, 1901년 피카소 전시회, 1904년 마티스 전시회 등을 잇달아 성공시키며 승승장구했습니다. 위대한 화가들을 남보다 앞서 알아본 덕분이었습니다.

피카소를 발굴한 것은 분명 그의 큰 업적이었지만 19세의 피카소와 처음 만나자마자 전속계약을 맺은 탓에 무명의 작가를 싼값에 후려쳤다는 비판이 일었습니다. 하지만 그가 아니었다면 인상파의 주요 화가들이 대중에게 알려질 기회조차 얻을 수 없었을 것이라는 의견 또한 무시할 수 없는 사실입니다.

아무리 위대한 작품을 만들어낸들 그것의 가치를 알아보는 사람이 없다면 묻혀버릴 수밖에 없습니다. 볼라르는 인상파 화가들의 가치를 가장 먼저 알아본 사람입니다. 그런데도 예술사를 이야기할 때 위대한 작품을 처음 알아보고 소개한 사람은 으레 화가들에게 가려집니다. 인상파 화가들은 지금도 꾸준하게 사랑받고 있지만 그 전파에 중요한 역할을 한 화상들의 존재는 아직까지도 우리에게 잘 인식되지 않고 있습니다.

볼라르가 아니었다면 우리는 피카소와 세잔, 고흐, 마네, 마티스 같은 위대한 화가들을 알지 못했을 수도 있습니다. '진흙 속 진주'를 알아보고 키워내는 일이 비단 화상들만의 몫은 아닐 것입니다. 각 분야와 조직의 리더들이 볼라르에게 배워야 할 것이 많아 보입니다.

앙브루아즈 볼라르, 이세진 옮김, 《볼라르가 만난 파리의 예술가들》(현암사, 2020)

15

직장에 '내 사람'이 있는가

미국 인재혁신센터(CIT)의 설립자 실비아 앤 휴렛은 인텔, 메릴린 치, 블룸버그, 시스코, 언스트앤드영 등과 함께 인재 개발 및 리더 십 분야 연구에 나섰습니다. '어떤 사람이 승진의 사다리에 빨리 올라타는가?'에 대한 답을 수치화하고 그 방법을 매뉴얼화하기 위 해서였습니다. 그가 30여 개의 글로벌 기업들과 진행한 현장 실사 프로젝트는 놀라운 결과를 이끌어냈습니다.

"관리자급으로 올라가면 얼마나 똑똑한지, 업무 성과가 얼마나 뛰어난지는 성공 가도에 그다지 큰 영향을 미치지 않았다. '키우는 후배'가 있느냐의 여부 그리고 그들을 통해 어떤 부가가치를 얻었 는지가 훨씬 더 중요하게 작용했다."

스폰서로서 '프로테제(proteger: 피후원자)'를 키우는 관계를 맺을 때 본인의 브랜드를 빛내고 성과를 극대할 수 있다고 휴렛은 말합니다.

"남성의 경우 프로테제와 함께한 사람의 승진 확률이 그렇지 못한 경우보다 73퍼센트 높았다. 여성의 경우도 스폰서 효과가 50퍼센트에 달했다."

조용히 일깨움을 주고받는 '멘토-멘티'와 달리 스폰서는 프로테제를 공개적으로 지원하며, 지지하고, 보호합니다. 프로테제는 스폰서에게 성과와 능력, 충성을 바칩니다. 두 사람은 상호이익을 추구하는 관계입니다. 스폰서십을 성공시키기 위해서는 '무엇을 기준으로 키울 후배를 발탁할 것인가'와 '어떤 방식으로 키울 것인가'가 중요합니다.

휴렛은 "키울 후배를 찾을 때 성향이나 관점, 나이, 민족성, 경험, 배경 면에서 나와 '다름'이 첫 번째 조건이 되어야 한다"고 말합니다. 그래야 "자신의 부족한 점을 보완하고 새로운 시야를 확보해 혁신을 제시하는 등 혼자서는 절대 이룩할 수 없는 성과를 얻을 수 있다"는 것입니다.

애플의 창업자 스티브 잡스가 이에 대한 전형적인 성공과 실패의 사례를 보여줍니다. 그는 자신과 비슷한 리더십을 추구한 펩시 CEO 출신 존 스컬리를 영입하여 키웠지만 반목을 거듭하다가 오히려 회사에서 쫓겨나는 신세가 됐습니다. 우여곡절 끝에 회사에 복귀한 뒤 고압적이고 무례한 자신과 전혀 다른 성향을 가진 팀 쿡을 프로테제로 지목했습니다. 쿡은 회사를 능률적으로 운영하며 잡스의 아이디어를 극대화했고, 잡스가 세상을 떠난 뒤에도 애플을 혁신 기업으로 발전시키고 있습니다.

에드워드 길리건은 아메리칸 익스프레스 회장 재임 시절 고위 임원들에게 두 가지 지시를 내린 것으로 유명합니다.

"첫째, 스폰서십을 맺을 만큼 유망한 인재 3명을 발굴하라. 둘째, 그들 가운데 최소한 2명은 본인과 다른 자질을 지닌 인재로 선택하라."

이 당부는 훗날 '길리건의 1+2 법칙'으로 불리며 다른 기업으로 확산됐습니다.

스폰서십이 끝까지 효과를 낼 수 있으려면 프로테제를 엄격하게 검증해나가야 합니다. 프로테제가 신뢰할 수 없는 인물로 밝혀진다면 미련 없이 관계를 끊어야 합니다. 스폰서십이 부적절한 관계로 변질되거나 오해받지 않도록 누구를 무엇 때문에 키우는지 모든 사람이 알도록 떠들썩하게 후원하는 것도 중요합니다.

"후배를 잘 키우는 것은 궁극적으로 직업적 유산을 남기는 것이다. 성공적인 스폰서십은 회사를 떠난 뒤에도 조직에 긍정적인 발자국을 남긴다."

실비아 앤 휴렛, 서유라 옮김, 《후배 하나 잘 키웠을 뿐인데》(부키, 2020)

‖ 16 ‖

‘미움받을 용기’를 버려라

어느 출판사 편집장은 팀원이 쓴 원고가 마음에 들지 않으면 본인이 직접 다시 씁니다. 그러고는 "이렇게 하지 않으면 마감을 맞출 수 없다"는 이유를 댑니다. 본인이 보기에는 완벽에 가까운 원고가 될지 모르지만 그 팀원은 일에 대해 아무것도 배울 수 없습니다. 자괴감과 편집장에 대한 반발 심리만 생길 뿐입니다.

조직문화가 수평적으로 바뀌고 있는 요즘 시대에는 더욱더 경계하고 버려야 할 리더십 유형입니다. 일본의 심리학 전문가 기시미 이치로는 직원을 힘으로 누르려고 하면 소통의 창구가 막혀버린다며 "미움받을 용기는 리더의 눈치를 살펴가며 해야 할 말을 하지 못하는 직원에게 적용되는 것"이라고 말합니다.

"리더에게는 천재적인 유능함이나 카리스마가 필요하지 않다.

'미움받을 용기'도 갖지 말아야 한다. 올바르게 운영되는 조직에는 리더의 배짱이 아닌 유연함과 직원과의 소통, 협력, 존중이 있다."

코로나 사태 이후 조직에 찾아온 갑작스러운 변화, 일하는 방식과 가치관이 달라진 젊은 세대와 호흡을 맞춰야 하는 요즘 시대에는 '심리학을 기반으로 한 민주적 리더십'이 더욱 요구되고 있습니다. "조직 안에서 리더와 직원은 대등한 관계이며, 리더는 힘이 아닌 대화를 통해 협력 관계를 구축해야 한다"는 것입니다.

독일의 사회심리학자 에리히 프롬은 "사람의 있는 그대로의 모습을 보고 그 사람이 유일무이한 존재, 다른 누군가로 대체될 수 없는 존재임을 알아내는 능력이 필요하다"고 말했습니다. 직원이 실수를 거듭하거나 성과를 올리지 못하는 상황이라면 온전히 그의 문제라고 볼 수 없다는 것입니다. 기시미는 이에 대해 이렇게 지적합니다.

"리더가 직원에게 업무에 몰두할 용기를 주지 못한 것이다."

또한 "리더가 혼낸다는 것은 직원을 자신과 대등하게 보고 있지 않다는 뜻이다"라는 말도 새길 만합니다. 혼내지 말고, 같은 실수를 하지 않도록 무엇이 문제인지 말로 설명해야 한다는 것입니다.

"무능한 리더는 자신이 무능하다는 사실을 들키고 싶지 않아서 직원을 업무가 아닌 다른 일로 불합리하게 꾸짖는다."

기시미에 따르면 자신이 리더라는 직책에 맞지 않다고 생각하는 사람보다 스스로 잘 맞는다고 여기는 사람이 오히려 문제일 수 있습니다.

"그런 사람은 업무상 문제가 발생했을 때 자신의 리더십이 아니라 다른 것에서 문제를 찾기 때문이다."

다른 사람에게 잘못을 지적받지 못하고 리더 스스로도 잘못을 깨닫지 못하고 있다면 그것이야말로 조직을 운영하는 데 있어 '중대한 위험 요소'라는 것입니다.

직장에서 존경받는 리더라면 가정에서 가족과 소원하게 지내는 일은 있을 수 없으며, 리더와 직원은 직함만 다를 뿐 대등한 관계라는 것이 '민주적 리더십'의 핵심입니다.

'우리는 왜 일해야 할까?' 기시미는 리더라면 이 문제에 대해 진지하게 고민할 필요가 있다며 다음과 같이 말합니다.

"행복이 목표라면 달성한 것이 부족하더라도 일하고 있는 지금 이 순간 '행복하다'고 느껴야 한다."

기시미 이치로, 류두진 옮김, 《리더는 칭찬하지 않는다》(알에이치코리아, 2021)

17

위대한 연설의 힘

1863년 11월 19일 미국 펜실베이니아 주 게티즈버그에서 국립묘지 봉헌식이 열렸습니다. 남북전쟁 당시 가장 치열한 전투가 벌어졌던 이곳에서 전사한 남·북군 병사들을 안장하는 행사였습니다. 이날 봉헌식에 에이브러햄 링컨 대통령도 참석했지만 주 연사는 하버드대학교 교수와 총장을 지내며 당대 최고의 연설가로 이름을 날리고 있던 에드워드 에버렛이었습니다.

당시에는 최대한 말을 어렵고 길게, 복잡하고 화려하게 하는 게 유행이었습니다. 그 시절의 명연설이나 명문장은 온갖 수식어가 가득했습니다. 에버렛의 게티즈버그 연설도 그랬습니다. 1만 3,607개의 단어를 동원해 두 시간이 넘는 연설을 하며 청중을 압도했습니다. 그 뒤를 이어 등단한 두 번째 연사가 링컨이었습니다.

그런데 놀라운 반전이 일어났습니다. 토니 블레어 전 영국 총리의 수석 연설문 작가를 지낸 필립 콜린스는 링컨의 게티즈버그 연설은 2분짜리 연설이었지만 여운은 길었다며 "남북전쟁 후 새로운 미국을 여는 초석이 됐다"고 평가했습니다. "국민의, 국민에 의한, 국민을 위한 정부는 이 세상에서 결코 사라지지 않을 것"이라는 연설 내용은 매우 유명하지만 이 연설이 단 10개의 문장, 불과 272개의 단어로 이루어졌다는 사실을 아는 사람은 많지 않습니다.

　링컨의 게티즈버그 연설 사진이 한 장도 없는 데는 이유가 있습니다. 사진사가 촬영을 준비하는 도중 순식간에 연설이 끝났기 때문입니다. 하지만 핵심을 짚어낸 간결한 연설의 힘은 엄청났다고 콜린스는 말합니다.

　"링컨은 2분 남짓의 연설로 민주주의 원칙을 제시하고, 노예제 종식이라는 대변혁을 이끌어냈다."

　그는 "자유민주주의는 훌륭한 연설을 통해 발전하고 유지될 수 있다"고 강조하며 '민주주의와 연설은 불가분의 관계'라고 말했습니다. 민주주의가 힘이나 권위에 의한 강요가 아닌, 말을 통한 설득으로 작동하기 때문입니다.

　"연설은 고난의 상황에서, 위기의 상황에서 빛을 발한다. 분열된 국민을 하나로 모으고, 다 같이 나아가야 할 길을 제시하는 것이 바로 리더의 일이다."

　콜린스는 정치의 덕목을 다음 다섯 가지로 꼽습니다.

① 국민의 목소리를 듣는 것.

② 강요가 아닌 설득하는 것.

③ 개개인이 타인으로부터 자신의 가치를 인정받는 것.

④ 자유로운 사회의 시민들을 평등한 존재로 여기고 국민 전체의 삶을 개선시켜나가는 것.

⑤ 인간의 본능 중 가장 나쁜 부분을 조절해 바르게 바로잡는 것.

'정치'를 '경영'으로 바꿔도 그대로 통할 리더십의 덕목들입니다. 콜린스는 위대한 연설들이야말로 이 다섯 가지 덕목을 뒷받침하는 강력한 힘이라고 강조합니다.

"우리가 마음껏 활용할 수 있는 수단은 손에 들고 휘두르는 무기가 아니라 오직 아름다운 말이어야 한다."

콜린스의 말처럼 대중 연설은 사람들에게 용기를 북돋우면서 얼마든지 희망을 던져줄 수 있습니다.

2차 세계대전 당시 강제수용소에서 살아남은 유태인 엘리 위젤은 미국의 백악관 초청 연설에서 "희망이 없다면 희망을 만들어야 한다"는 프랑스의 작가 알베르 카뮈의 말을 인용해 감동을 안겼습니다. 콜린스 역시 "답은 늘 사람들 손안에 있다"고 말합니다.

필립 콜린스, 강미경 옮김, 《블루스퀘어》(영림카디널, 2022)

18

리더를 완성하는 '양심'

나치 독일의 아돌프 히틀러는 게르만족 우월주의를 광신하며 이웃 국가들을 침략하고, 수백만 명의 유대인을 학살하고서도 스스로를 '좋은 사람'으로 여겼습니다. 그의 지시를 받아 유대인 학살을 저지른 나치 대원들 또한 양심의 가책을 호소하거나 고백한 사람을 찾기 힘듭니다. 뉘른베르크 전범 재판에서도 이에 대해 유감이나 후회의 뜻을 밝힌 사람은 거의 없었습니다.

히틀러에게 일말의 양심조차 없었던 이유를 알면 매우 어이가 없습니다. 그는 "양심을 뜻하는 독일어 '게비센(Gewissen)'은 유대인이 지어낸 단어"라며 자신의 사명이 세계에서 양심을 없애버리는 것이라고 여겼습니다. 역사학자인 마르틴 반 크레벨드 히브리대학교 명예교수는 "양심을 유대 민족이 지어냈다는 주장은 틀렸다. 유대인은 율법을 두려워하고 신의 명령에 순종했을 뿐 구약성경에는 '양심'이라는 개념에 대한 언급이 없다"고 말했습니다.

크레벨드 교수에 따르면 '양심'이란 개념이 처음 등장한 것은 기원전 5세기 소포클레스의 비극《안티고네(Antigone)》입니다.

"오이디푸스의 딸 안티고네는 오빠의 시신을 매장하지 못하게 한 테베의 왕 크레온에게 '혈육을 기리는 것이 부적절한 행동은 아니다'라고 선언했다."

목숨을 걸고 내면의 목소리를 따른 이 장면이 '양심이 탄생한 순간'이라는 것입니다.

'양심'을 뜻하는 그리스어 '시네이데시스(συνείδησις)'와 라틴어 '콘스시엔티아(conscientia)'를 직역하면 '자기 자신을 앎'이라고 합니다. '개인 행위의 길라잡이 또는 판관(判官)'이 곧 양심이라는 의미입니다. 로마의 철학자 세네카는 콘스시엔티아를 '인간 내면의 입구를 지키는 문지기'라고 말했습니다.

크레벨드 교수는 "인간은 자연과 합치하는 삶을 살아야 하며, 인생은 무엇보다도 조화로워야 한다. 앞만 보고 황급히 달리기만 하는 인생은 결코 질서를 세울 수 없다"고 강조합니다. 조직을 이끄는 리더에게는 더 말할 나위가 없습니다.

또한 그는 "군주의 권력 남용과 그에게 노출된 권력의 유혹에 굴복하는 일을 막아줄 유일한 것은 양심"이라며 "갈리시아 대주교였던 마르티누스 브라카렌시스는 군주야말로 네 가지 가장 중요한 덕목, 즉 신중함과 너그러움, 일관성과 정의감의 본보기가 되어야 한다고 말했다"고 밝혔습니다.

'양심'의 개념에 눈 뜬 로마의 지식인들이 강조한 '군주론'은 지금까지도 새길 만한 내용이 많습니다.

"무릇 군주는 선하고 도덕적인 삶을 이끌 수 있어야 하며, 신의를 지키고 매사에 친절하고 자비로우며, 정의롭고 진실하며 인내심이 많고, 너그러우면서 헌신할 줄 알아야 한다."

"먹고 마시며 옷을 입는 일에 지나침이 없으며, 올곧은 예절과 도덕으로 되도록 겸손하며, 상냥하고 구호를 베푸는 손길에 아낌이 없어야 한다."

그뿐 아니라 로마의 현인들은 "군주는 참을성과 진실함, 배움을 사랑하고 악한 생각을 멀리하는 일에서 타의 추종을 불허해야 한다"고 당부했습니다.

크레벨드 교수는 말합니다.

"이 모든 것을 갖추는 일은 앞서 열거한 특성을 가진 사람을 주변에 두고 조언을 구해야만 가능하다. 그렇지 않다면 군주는 쉽사리 부패한다."

마틴 반 크레벨드, 김희상 옮김, 《양심이란 무엇인가》(니케북스, 2020)

조직을 일류로
이끄는 힘

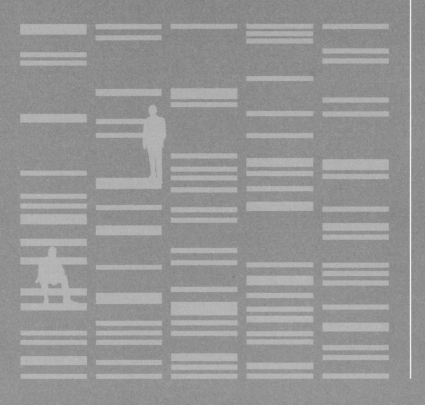

‖ 01 ‖

영웅보다 시스템이 필요하다

네덜란드의 자전거 회사 반무프는 운송 과정에서 자전거와 물품이 파손되는 사고가 잦아 골치를 앓았습니다. 택배기사들에게 주의를 당부했지만 별 효과가 없었습니다. 담당 팀원들은 근본적인 해결책을 찾기 시작했습니다. 평면 스크린 TV와 비슷한 상자를 만들어 운송할 자전거와 물품을 집어넣고, 상자 겉면에 TV 화면 이미지를 인쇄했습니다. 그 결과 택배기사들은 '상자 안에 귀중한 물품이 들어 있나 보다'라고 생각해 상자를 조심스럽게 다뤘고, 물품 파손율이 70~80퍼센트 줄었습니다.

"친구와 강가로 소풍을 나간 당신, 살려달라는 외침과 함께 아이가 떠내려온다. 한 명을 건지니 또 한 명이 내려오고, 한 명을 건지고 나니 또 한 명이 떠내려온다."

미국의 리더십 전문가 댄 히스는 이런 비유와 함께 다음과 같은 질문을 던졌습니다.

"강 상류(upstream)에서 무슨 일이 일어난 게 틀림없다. 상류로 가서 문제를 해결할 것인가, 아니면 끝없이 떠내려오는 아이들을 건져내기만 할 것인가?"

상류에 가서 어떤 일이 벌어진 건지 알아봐야 하지만 그렇게 하는 사람은 많지 않습니다.

"우리는 상류로 가는 대신 아이들을 건져내는 작은 해결책에만 집중한다. 원인이 남아 있으므로 문제는 반복되고, 가짜 문제만 치우다가 결국 지치고 만다."

히스는 '하류(downstream) 문제'가 모든 조직과 인생의 발전을 가로막는다고 말합니다.

"꼭 해결해야 하는 문제를 더 급한 일이 있다는 핑계로 미루고 있지는 않은가? 돈이나 시간, 환경 때문에 시야나 사고가 터널 안에 갇혀 있는 건 아닌가?"

'상류 전략'을 성공시키려면 선행해야 할 것이 있습니다. 문제를 직시하는 것입니다. 히스는 '풋볼은 거친 경기다. 그러니 선수들은 당연히 다치게 될 것이다'라는 따위의 '문제 불감증'에서 깨어나야 한다고 말합니다. 즉 "부정적인 결과가 자연스럽거나 불가피하다는 믿음, 통제할 수 없다는 생각을 떨쳐내야 한다. 문제를 직시하지 않고서 해결하는 건 불가능하다"는 것입니다.

직원 개개인은 장점과 능력을 가진 인재인데 모여서 일하게 되면 장기적인 시야와 비전을 잃고 근시안적으로 변하는 기업이 적지 않습니다. 히스는 '터널 안에 갇힌 사고방식'을 주요 원인으로 꼽습니다.

"가장 큰 문제는 조직을 혁신하기 위해 내건 목표 달성 자체에만 집중하느라 원래 의도한 혁신 자체를 왜곡하는 경우다."

또한 "영웅이 필요하다는 건 대개 시스템이 실패했다는 증거"라며 중요한 마감일을 맞추기 위해 밤을 새우는 일이 반복되고, 영웅이 나타나서 곤경을 면하게 해주는 기업은 위험하다고 말합니다. 문제의 진정한 근원을 정직하게 바라보고, 개입할 지점을 정확하게 찾아내는 시스템과 지도자의 안목이 필요하다는 것입니다. 그는 이에 대해 다음과 같이 묻습니다.

"우리는 종종 작은 해결책을 찾아냄으로써 오히려 큰 문제를 외면하곤 하지만 그렇게 나약한 선택을 하기 때문에 인생이 망가지고 건물이 무너진다. 지금 당신의 결정은 문제의 업스트림을 향하고 있는가?"

댄 히스, 박선령 옮김, 《업스트림》(웅진지식하우스, 2021)

02

기업은 사장의 그릇만큼 큰다

미국 해군의 엘리트 특수부대인 네이비실(Navy SEALs)이 흥미로운 실험을 했습니다. 대원들을 7명씩 팀으로 구성해 24개월 동안 혹독한 훈련을 시켰는데 4주의 지옥 훈련을 앞두고 1등 팀과 꼴찌 팀의 리더를 교체했습니다. 그러자 놀라운 일이 벌어졌습니다. 꼴찌를 하던 팀이 단숨에 1등으로 올라서고, 1등을 하던 팀은 2등으로 밀려났습니다.

제일모직과 삼성SDI 사장직에서 퇴임한 뒤 경영 멘토링 강사로 활동하는 코칭경영원의 조남성 파트너 코치가 자주 인용하는 에피소드입니다. 그는 리더의 역할을 강조하며 다음과 같이 말합니다.

"기업은 사장의 그릇만큼 큰다는 말이 있다. 기업을 성장시키는 것도 사장이고, 위험에 빠뜨리는 것도 사장이다."

조 전 사장은 '이대로는 안 된다'는 위기의식이 경영의 출발점이 되어야 한다고도 강조합니다.

"성공의 반대말은 실패가 아니라 안주다. 실패한 사람은 다시 도전할 수 있지만 안주한 사람에게는 재도전의 기회가 없다."

'사장이란 무엇인가?'

'가장 이상적인 조직은 어떤 모습인가?'

그가 사장이 된 뒤 가장 먼저 스스로에게 던진 질문이었습니다. 그가 생각하기에 《홍길동전》의 홍길동과 같은 조직이 가장 이상적인 모습이었습니다.

"홍길동은 분신술을 쓴다. 자기 머리카락이 수많은 홍길동으로 변해 적과 싸운다."

전체는 완벽한 한 명의 홍길동이지만 각각의 분신들은 완전히 자율적이고 독립적이며, 스스로 상황을 판단하면서 적과 싸운다는 점에 주목했습니다.

"이 분신술을 기업에 적용하면 조직 단위로는 전체가 지향하는 비전과 목표, 방향을 공유하고 개인 단위로는 각자의 위치와 역할에서 자율적으로 일하는 조직이 된다."

'홍길동과 같은 조직'을 이끌려면 기업의 사장은 다음 세 가지를 갖춰야 합니다.

① 미래를 멀리 내다볼 수 있는 통찰력.

② 그 미래를 상상해서 기업이 추구해야 할 모습을 그리는 비전.

③ 미래와 현재의 격차를 인식하는 위기의식.

조 전 사장은 "이 세 가지를 모두 갖춰야 에너지를 얻고, 몰입도와 실행력을 높여 변화를 주도할 수 있다"고 말합니다.

그에 따르면 무엇보다 기업의 사장은 '이럴 거면 내가 하고 말지!'라는 생각을 떨쳐내야 합니다.

"경영자는 미래를 계획하고 회사를 성장시킬 새로운 방법을 찾는 데 시간과 에너지를 써야 한다. 일과 권한을 나누는 것은 직원을 성장시키는 훈련 과정이기도 하다."

평소 직원을 유심히 관찰하여 수준을 파악하고, 기꺼이 일을 나눠주는 것이 사장의 책무라는 것입니다.

그는 인재를 육성하는 최우선의 방법으로 '잠재력을 일깨우는 대화'를 꼽습니다. 경험이 적은 직원일수록 자신의 잠재력을 잘 모르는 경우가 많은데, 개인의 잠재력은 위에서 내려다볼수록 더 잘 보이기 때문입니다.

"사원보다는 부장이, 부장보다는 임원이, 임원보다는 사장이 더 잘 보는 것이 순리다. 직원의 잠재력을 일깨우고 동기부여를 일으키는 것은 상사의 몫이다."

경영자는 이 모든 일을 위해 '사상과 철학을 갖춰야 한다'고 강조합니다.

"일반적인 경영은 경험과 데이터에 의존하고 관리자나 전문가와 상의해 결정할 수 있다. 그러나 불확실한 사안, 책임지기 어려운 일, 위기 순간의 결정은 경영자의 몫이다."

즉, 이런 결정은 경영자 스스로 자신의 생각에 의존할 수밖에 없고, 가치관과 철학에 따라 좌우된다는 것입니다.

조남성, 《그로쓰》(클라우드나인, 2021)

03

강점을 파악하라

자신의 직장에 만족스러워하며 열심히 일하는 사람이 얼마나 될까요? 미국의 리서치 회사 갤럽이 이에 대해 조사한 결과 전 세계 근로자의 15퍼센트만이 직장에서의 일에 몰입하고 있는 것으로 나타났습니다. 나머지 85퍼센트는 일에 몰입하고 있지 않거나 자신의 직업, 관리자, 회사를 싫어한다고 답했습니다.

이런 상황에서 '직원들의 업무 몰입도를 높이는 방법'을 연구한 대표적인 인물이 갤럽의 짐 클리프턴 회장입니다. "중간급 관리자들이 진정한 리더로 거듭나도록 해야 한다"는 것이 그가 내린 결론입니다.

"조직에 5만 명의 직원이 있다면 약 5,000명의 관리자나 팀 리더가 있다. 훌륭한 관리자의 비율을 높이는 것만이 결과를 바꿀 수 있다."

클리프턴에 따르면 리더는 직원들의 사고방식을 이해하는 일부터 해야 합니다. 직원마다 '성장'과 '발전'에 대한 가치관이 다르기 때문입니다.

"어떤 직원은 성장을 위해 회사에서 상을 받는 것이 가치 있다고 생각한다. 어떤 직원은 회사 일과 함께 원하는 공부 등을 하며 자신의 발전을 이뤄나가는 것이 더 중요하다고 생각한다."

이런 다름을 이해하지 않은 채 무조건 명령하고 통제하는 '상사'가 되어서는 곤란하다는 것입니다.

대부분의 직장인들은 일의 목적을 발견하고, 자신의 강점을 통해 성장하기를 원합니다. 또 '상사'보다는 '멘토'를 선호합니다. 이런 분위기가 갖춰진 조직들의 공통점은 리더가 팀원들의 강점을 파악하여 이에 걸맞게 코칭한다는 것입니다. 클리프턴은 말합니다.

"강점 개발은 혼자서 할 수 없다. 리더가 조직원들의 특성을 파악해 업무와 연계시켜주어야만 가능하다. 리더의 역할이 무엇보다 중요한 이유다."

적극적으로 일에 몰입하는 팀, 의견을 솔직하게 말할 수 있는 팀, '나의 성장'을 위해 머물고 싶은 팀을 만드는 비결은 따로 있지 않습니다. 각 직원의 개별적 특성을 파악하여 이를 바탕으로 강점을 최대한 살리고 키워주는 것입니다. 클리프턴은 "약점은 결코 강점이 되지 않지만 강점은 무한히 발전한다"고 강조합니다.

조직의 목표를 명확하게 이해시키고 그에 부합하는 기대치를 설정하도록 하는 것도 중요합니다. 이를 위해서는 최고경영자부터 신입 직원에 이르기까지 자신의 강점을 제대로 파악해야 합니다. 강점 진단은 각자에게 이미 존재하는 잠재력이 무엇인지 등을 비롯하여 자기 자신에 대해 배우게 합니다. 이에 관한 클리프턴의 견해는 이렇습니다.

"자기 인식이 높아지면 나 아닌 다른 사람이 되고자 노력하는 수고를 멈출 수 있다. 진정한 자신이 될 수 있다는 자신감도 갖게 된다."

누구나 강점이 있고, 이 강점이 조직문화를 바꾸는 촉매가 된다는 것입니다.

클리프턴은 "재능과 강점의 강력한 잠재력에 눈뜨게 되면 우리가 조직을 이끄는 방식, 구성원을 대하는 방식, 그들을 개발하는 방식이 극적으로 바뀔 것"이라고 강조합니다. 여기에 리더라면 조직의 목적이 무엇인지를 분명하게 정의해야 하는 일도 중요하다며 다음과 같이 조언합니다.

"리더는 조직의 모든 프로그램이 목적에 따라 움직이는지 점검해야 한다."

짐 클리프턴·짐 하터, 고현숙 옮김, 《강점으로 이끌어라》(김영사, 2020)

‖ 04 ‖

‘얼마나’가 아니라 ‘어떻게’

2003년, 미국 최고 권위의 육상대회에서 18세의 무명 고등학생이 쟁쟁한 선배들을 제치고 우승했습니다. ‘육상 천재’의 탄생이 방송을 통해 미국 전역에 중계됐습니다. 그리고 몇 년 뒤, 이번에는 맥킨지의 23세 청년 컨설턴트가 업계를 놀라게 했습니다. 그가 개발한 ‘의료개혁의 경제적 영향 예측 모형’에 백악관이 무릎을 쳤고, 이 청년은 국가경제위원회에 들어가 대통령에게 올라갈 보고서를 작성했습니다.

그 뒤로 두 사람은 어떻게 됐을까요? 육상 천재는 그 이후 단 한 번도 자신의 기록을 넘어서지 못한 채 선수생활을 마감했고, 촉망받던 컨설턴트는 얼마 못 가 백악관을 나와 다니던 기업의 파트너가 되기는커녕 승진 한 번 하지 못했습니다.

두 사람이 갑자기 성장을 멈춘 것은 '탈진증후군(burnout syndrome)' 때문이었습니다. 한 가지 일에 지나치게 몰두하던 사람이 극도의 신체적·정신적 피로로 무기력증이나 자기혐오 등에 빠지는 증상에 발목을 잡힌 것입니다.

이야기의 두 주인공 브래드 스털버그와 스티브 매그니스는 자신들이 왜 그렇게 됐는지 의문을 풀기 위해 머리를 맞댔고, 자신들의 경험을 과학적으로 파고들었습니다. 그 결과 '스트레스+휴식=성장'이라는 궁극의 성공 공식을 찾아냈습니다. 스트레스와 휴식의 균형만이 지속적인 성장을 이끌어낼 수 있다는 것이었습니다. 무엇보다 중요한 것은 '균형의 최적점'을 지키는 일이었습니다.

그들은 저서 《피크 퍼포먼스》에서 "성장에 긍정적인 스트레스는 우리가 통제할 수 있는 것보다 살짝 어렵게 느껴지지만 지나치게 불안하거나 각성할 정도는 아니어야 한다"고 밝혔습니다.

두 사람이 여러 연구를 통해 내린 결론은 "50~90분 강도 높게 일하고, 7~20분 쉴 때 최고의 성과를 내는 데 필요한 신체적·지적·감정적 에너지를 유지할 수 있다"는 것이었습니다. 또 일할 때는 '얼마나'보다 '어떻게'가 중요했습니다. 자기 몸이 보내는 신호를 잘 파악하고 활용해야 하기 때문입니다.

그들은 "성과의 최강자들은 몸의 자연스러운 리듬을 잘 이용한다"고 말했습니다. 리듬이 가장 좋은 때가 어떤 사람에게는 이른 아침일 수도 있고, 또 어떤 사람에게는 늦은 밤일 수도 있습니다.

"집중력이 심각하게 떨어지기 시작한다면 그때는 억지로 일을 계속하는 대신 두뇌의 긴장을 풀고 몸을 회복시켜야 한다. 그럴 때 '아하'와 '유레카'를 외치는 통찰의 순간이 일어나곤 한다."

자기 안에서 최고를 끄집어낼 수 있는 상태로 몸과 마음을 만들려면 '루틴'을 지키는 것 역시 중요하다고 말합니다. 미국의 인기 작가 스티븐 킹은 글 쓰는 방부터 책상의 위치, 그 위에 놓인 물건, 글 쓸 때 듣는 음악까지 정해놓는 것으로 유명합니다.

"루틴화된 행동은 마음을 워밍업시키고, 몸이 자동으로 반응하게 해주며, 일을 시작하자마자 금방 몰입할 수 있게 해준다."

성과의 맥시멀리스트가 되려면 스스로 미니멀리스트가 되어야 한다는 말도 새길 만합니다.

"애플의 스티브 잡스는 검정색 옷만 입었고, 페이스북의 마크 저커버그도 항상 똑같은 옷을 입는다. 알베르트 아인슈타인의 옷장에는 회색 정장만 가득했다."

이유는 간단합니다. '사회에 가장 보탬이 될 방법 외에 다른 결정은 최소화'하기 위해서입니다. 두 사람의 통찰은 이렇습니다.

"성과의 최강자는 꾸준히 잘하는 사람이 아니라 꾸준히 하는 것을 잘하는 사람이다. 그리고 그들은 몸의 자연스러운 리듬과 결코 싸우지 않는다."

브래드 스털버그·스티브 매그니스, 《피크 퍼포먼스》(부키, 2021)

05

남들과 똑같은 욕망을 멈춰라

프랑스 남부에 있는 레스토랑 르쉬케(Le Suquet)가 5년 전 맛집 평가 기관인 미쉐린 가이드를 당혹케 했습니다. 1999년부터 18년 연속 으로 받아온 '별 3개(최고 등급)'를 자진 반납했기 때문입니다. 르쉬 케 운영자이자 세계적인 셰프 세바스티앙 브라가 그런 결정을 내 린 데는 이유가 있습니다. '미쉐린 쓰리스타'라는 평생의 목표를 노 심초사하며 추구했고, 이뤄낸 결과가 되레 자신을 죽이고 있다는 사실을 깨달은 것입니다. 브라는 "미쉐린 가이드를 만족시키기 위 해 자신이 원하는 요리를 개발할 수 없었고, 언제든 별을 잃을 수 있다는 스트레스와 압박 속에서 지내야 했다"고 털어놓았습니다.

미국의 기업가이자 작가인 루크 버기스는 "많은 사람들이 자신 이 진정 원하는 게 무엇인지 모른 채 욕망의 속박에 묶여 있다"고 말합니다.

"아무도 의문을 제기하지 않는, 너무나 당연하게 느껴지는 목표일지라도 그 설정과 계획에 대해 의문을 제기하고, 그 목표가 당초 어디에서 출발했는지 탐색해보라."

버기스는 인간에게 두 가지 욕망이 있다고 진단합니다. 모방적이고 전염성이 강한 '얇은 욕망'과 표면 아래 깊은 곳에서 만들어져 잘 변화하지 않는 '두터운 욕망'이 그것입니다.

"두터운 욕망을 발견하고 발전시켜나갈 때 값싼 모방 욕망으로부터 자신을 보호하고 궁극적으로 자신에게 진정한 만족을 주는 삶을 살아갈 수 있다."

실리콘밸리의 기업가 피터 틸은 이 점을 꿰뚫어보아 성공한 대표적인 인물입니다. 버기스는 그에 대해 다음과 같이 설명합니다.

"그가 처음 설립한 간편 결제업체 컨피니티는 일론 머스크의 엑스닷컴과 경쟁 관계였다. 틸은 두 회사가 서로를 모방 모델로 삼으면 끝장을 볼 때까지 경쟁에 돌입할 것을 알았다."

두 회사는 합병해 페이팔이 됐고, 함께 시장을 평정했습니다. 틸은 회사 내에서 경쟁이 치열해질 때도 각 직원들에게 독립된 업무를 부여해 서로 경쟁하지 않도록 했습니다.

"경쟁이란 패자가 하는 것이다. 모방은 경쟁을 낳고 더 큰 모방을 낳는다. 성공한 기업가가 되려면 아무도 생각하지 못한 곳에서 자신만의 새로운 가치를 따라야 한다."

버기스는 "욕망의 유사성보다 더 위험한 것은 없다"고 경고합니다. 로봇의 유사성이 인간의 욕망을 침해한다고 상상할 때 욕망이 같은 대상에 집중되면 갈등은 피할 수 없다는 것입니다. 인공지능(AI)이 위험한 근본적인 이유도 이 때문이라고 설명합니다.

"언젠가 우리보다 더 똑똑한 로봇이 나타나는 것이 문제가 아니라 직업, 배우자, 꿈 등 우리가 원하는 것을 동일하게 원하는 로봇이 출현하는 것이 진짜 문제다."

"인간은 생물학적 욕구나 자기 주관에 따른 결정이 아니라 모방을 통해 많은 것을 욕망하게 된다. 그것을 뛰어넘어야 한다."

프랑스의 문학평론가이자 철학자인 르네 지라르가 스탠퍼드대학교 교수로 재직하며 실리콘밸리의 창업가가 된 제자들을 일깨운 경구입니다. 이스라엘의 역사학자 유발 하라리도 저서 《사피엔스》에서 비슷한 말을 남겼습니다.

"우리는 자신의 욕망을 조작할 수 있기 때문에 우리가 직면한 진짜 질문은 '무엇이 되고 싶은가?'가 아니라 '무엇을 원하고 싶은가?'이다."

루크 버기스, 《너 자신의 이유로 살라》(토네이도, 2022)

06

파괴를 통해 성장하라

2009년, 미국 내 발행부수 1위 신문사였던 나이트리더가 9위권 업체에 팔리며 문을 닫았습니다. 디지털 시대에 적응하지 못한 탓이었습니다. 온라인 신문으로 전환하기 위한 부서를 조직했지만 회사의 성장을 좌우할 만한 구체적인 전략을 세우지 않은 채 부분적인 혁신에만 안주한 업보였습니다. 이런 운명을 맞은 기업은 나이트리더 말고도 수두룩합니다. 미국 기업의 어드바이저인 쉘린 리는 그 까닭을 다음과 같이 한마디로 정리했습니다.

"오늘의 고객이야말로 기업의 미래를 가로막는 가장 큰 장애물이다."

쉘린 리는 "기업들이 안정적인 수익을 보장하는 현재의 캐시 카우(cash cow, 현금 창출원)에 대한 집착 때문에 끓는 물속의 개구리와 같은 운명을 맞이하고 만다"고 말합니다. 나이트리더 역시 그랬습니다. 소프트웨어 기업 어도비는 그 반대의 경우입니다. 대표 상품이었던 영구적인 라이선스를 제공하는 고가의 소프트웨어 대신 저렴한 구독 서비스로 사업을 전환하는 과감한 결정을 내렸습니다. 이로 인해 상당 기간 동안 매출 감소와 기존 고객의 반발이라는 타격을 입었지만 결과적으로 두 배 이상의 매출 신장과 함께 새로운 전성기를 열었습니다.

압도적인 변화와 끝없는 성장을 이루고 싶다면 기존의 상식과 관행, 고정관념에서 벗어나 '미래의 고객'에 가치를 둬야 합니다.

"그 방향에 맞춰 기업이 가진 모든 자원을 집중시켜야 한다. 진정한 혁신의 비밀은 전략과 리더십, 문화, 조직 전체를 아우르는 완전한 탈바꿈에 있다."

쉘린 리는 이것을 '파괴적 전환'이라고 부릅니다. 또한 그는 "기업에 당장의 수익을 높여주는 '최우수 고객'이라는 족쇄에서 벗어나야 비로소 파괴적 성장으로 향할 수 있다"고 강조합니다.

쉘린 리는 이를 위한 '혁신의 3원칙'으로 ① 미래의 고객에 초점을 맞춘 전략 ② 변화를 추진하고 지탱할 수 있는 리더십 ③ 혁신적 변화를 이끄는 기업문화를 제시합니다.

이런 혁신을 이뤄내려면 현재 상황에 머물러 있는 '정체 문화'에서 벗어나는 게 급선무입니다. 즉, 파괴를 통해 성공을 거두는 '유동 문화'로 전환해야 한다고 그는 말합니다.

"힘이 가장 세거나 지능이 제일 높은 사람이 살아남는 것이 아니라 변화를 가장 잘 받아들이는 사람이 살아남는다."

기업의 운명을 바꿀 파괴적 전환이 말처럼 쉽지는 않습니다. 따라서 집중과 몰입을 통해 '배수의 진'을 칠 필요가 있습니다. 쉘린 리는 "변화를 향한 여정은 길고 고되어 되돌아가고 싶은 충동이 생길 것이므로 돌아갈 방법을 없애는 것이 파괴적 성장의 핵심이다. 집중할 때는 엄청난 일이 생긴다. 소리와 주변 소음은 점차 사라지고 집중하는 목표물만 남는다"고 말합니다.

'파괴적 전환'을 위해서는 리더뿐만 아니라 조직 내에서 파괴적 혁신가들이 자라날 수 있어야 한다는 점도 강조합니다. 리더로서 본인의 '파괴 기술' 연마는 물론 다른 잠재적 혁신가들을 파악하고, 그들을 안락한 자리에서 벗어날 수 있도록 육성해야 한다며 다음과 같이 조언합니다.

"관리자만 리더가 되라는 법은 없다. 누구나 리더가 돼야 한다."

쉘린 리, 오웅석 옮김, 《시장의 파괴자들》(한국경제신문, 2021)

07

본질만 남겨라

애플의 아이폰이 휴대폰의 신세계를 열었지만 당대의 모든 혁신 기술을 끌어모은 결과물은 아닙니다. 최고의 화소, 메모리칩, 터치 스크린을 적용하지 않았습니다. '또 다른 전화기'가 아닌 '꺼지지 않는 컴퓨터'를 만들겠다는 '개념(concept)'을 먼저 확실하게 설정하고, 그 안에서 기술을 적절하게 수용했을 뿐입니다.

일본의 경영 컨설턴트 요시카와 데쓰토는 애플의 성공이 '최적의 사고력' 덕분이라고 진단합니다.

"대부분의 문제는 그렇게 복잡하지 않다. 해야 하는 일의 본질이 무엇인지 결정한 뒤 본질에 도움이 되는 일을 먼저 하면 된다. 그리고 나머지는 버리면 되는 것이다."

그가 주창하는 '개념적 사고'는 복잡한 일이나 상황을 '개념'으로 이해하고 문제의 해법을 찾아내는 생각의 기술입니다. '논리↔ 직관, 주관↔객관, 장기↔단기, 전체↔부분'과 같이 양극단에 있는 시점을 자유자재로 왕복하는 사고를 통해 문제를 간단하게 정리하는 것입니다.

F1 자동차 경주 대회를 예로 들면 이렇습니다.

"팀 승리를 위해 승패를 가르는 요소를 찾아내보자. 엔진 출력, 차체 중량, 차체 표면적, 타이어 종류, 카레이서의 운전 실력, 최고 속도, 평균 속도… 과연 무엇이 본질일까?"

각 요소는 서로 상관관계에 있습니다. 엔진 출력이 높거나 차체가 가벼우면 최고 속도가 높아질 것이고, 카레이서의 운전 실력이 좋다면 곡선 구간에서 높은 속도를 유지할 수 있을 것입니다. 이럴 때 중요한 게 '본질'이라고 데쓰토는 말합니다.

"본질만 놓고 볼 때 최고 속도가 무슨 소용이며, 카레이서의 운전 실력이 왜 중요한가. 평균 속도가 상대보다 앞서면 그만이다."

사람들은 어떤 문제와 맞닥뜨릴 때 다양한 변수를 고려하려고 애씁니다. 그러다가 '찾아낸 자료'에 매몰돼 불필요한 요소를 과대평가하거나 정작 필요한 요소를 간과하기 십상입니다. 데쓰토는 시간이 흐른 뒤 문제가 처음보다 더 복잡해지는 것은 이런 이유 때문이라며 "개념적으로 전체를 파악하고, 그 안의 현상과 상황을 구성하는 여러 요소들의 우선순위를 명확히 가릴 줄 알아야 한다"고 조언합니다.

계획을 세울 때 추상적 사고와 구체적 사고를 번갈아 하는 '개념적 사고'가 필요하다는 것입니다. 데쓰토에 따르면 지나치게 구체적인 것에만 집착하다 보면 고객이 원하는 적절한 사양을 뽑아내기 어렵습니다. 추상적인 생각 없이 오로지 '사용자의 편의성'에만 초점을 맞춰 제품 개발 계획을 세울 때 일어날 결과는 다음과 같이 뻔합니다.

"다른 회사와 엇비슷한 수준의 제품을 개발할 수 있을지는 몰라도 시장점유율 10퍼센트를 확보할 수 있는 혁신적인 제품을 내놓기는 어렵다."

그는 주관적 사고가 의사결정의 속도 또한 높여준다고 말합니다.

"주관적으로 생각할 수 있어야 제대로 된 의사결정을 할 수 있다고 해도 과언이 아니다. 흔히 사람들은 결정을 잘못 내렸다고들 하는데, 그 요인 가운데 하나가 객관적인 것에 지나치게 집착했기 때문이다. 주관적으로 결정한 뒤 그 결과를 객관화하면 더욱 쉽게 의사결정을 할 수 있다."

요시카와 데쓰토, 박종성 옮김, 《컨셉추얼 씽킹》(쌤앤파커스, 2020)

08

통념을 뛰어넘는 상상력을 가졌는가

한 대에 수십억 원짜리 대형 컴퓨터가 기업의 정보를 처리하던 1970년대, 마이크로소프트의 빌 게이츠는 모든 사무실 책상과 가정에 개인용 컴퓨터가 놓여 있는 세상을 상상했습니다. 넷플릭스의 리드 헤이스팅스는 극장에 가거나 유선 TV를 특정 시간대에 틀어야 볼 수 있던 영화를 '언제 어디서나 다양한 기기를 통해 마음껏 볼 수 있는 것'으로 재정의했습니다.

두 사람의 공통점은 '거대한 상상력의 소유자'라는 것입니다. 통념의 100배, 1000배를 뛰어넘는 상상력의 나래가 세계 산업 판도는 물론 현대인의 삶과 경험까지 바꾸는 기적을 일으켰습니다. 요동치는 기업 환경 속에서 두드러진 성과를 내고 있는 디지털 기업들에는 공통점이 있습니다. 점진적인 개선에 만족했던 전통 기업들과 달리 통념을 뛰어넘는 시장을 상상하고, 과거에 존재하지 않던 상품과 서비스를 창출했다는 것입니다.

현존하는 최고의 경영 컨설턴트로 불리는 램 차란은 이런 기업들의 공통점으로 '기업 활동의 초점을 철저히 꿈과 소비자에게 맞춘 것'을 꼽습니다. 그러고는 이들의 경쟁력 원천을 '여섯 가지 법칙'으로 정리했습니다.

① 100배, 1000배의 시장에서 개인화된 고객 경험을 상상하라.
② 알고리즘과 데이터는 경쟁의 필수 무기다.
③ 승자독식 사회는 끝났다. 생태계에서 협업하고 경쟁하라.
④ 막대한 현금을 창출하는 수익 구조를 만들어라.
⑤ 조직을 민첩하게 움직일 수 있는 소셜 엔진을 장착하라.
⑥ 디지털 시대를 이끌 수 있는 리더를 찾아라.

램에 따르면 이런 기업들에는 또 하나의 공통점이 있습니다. 직원들이 최고의 역량을 발휘하도록 남다른 발상을 한다는 것입니다.

"넷플릭스에서는 급여를 받는 사람들에 대한 기대치가 《포천》 선정 500대 기업들에서 볼 수 있는 것과 다르다."

이 회사가 공개적으로 표방하는 인재상은 명확합니다. 유용하다고 증명되는 새로운 아이디어를 창조하는 사람, 탁월함에 대한 갈증으로 타인에게 영감을 주는 사람, 최고의 아이디어를 찾기 위해서라면 고집을 버리는 사람, 빠르게 열정적으로 배우는 사람.

넷플릭스가 2009년 사내 게시판에 올린 '자유와 책임의 문화' 문서는 실리콘밸리 기업문화의 상징으로 회자되고 있습니다.

① 우리가 실제로 가치 있게 여기는 것이 진짜 가치다.

② 높은 성과, 그리고 자유와 책임.

③ 통제보다는 일의 맥락을 전달.

④ 긴밀하게 연결하되 느슨한 조직 구성.

⑤ 동종업계 최고 임금.

⑥ 승진과 성장의 기회.

한마디로 탁월함을 유지해준다면 '최고의 근무 환경과 보상을 제공하겠다'로 요약할 수 있습니다. 넷플릭스가 직원들에게 말하는 메시지는 분명합니다.

"여러분을 관리하지 않을 것입니다. 어른으로서 최고로 대우하고 자유를 존중할 테니 우리의 가치와 기대를 따라와주십시오."

'어른답게 일하라(Do adult-like)'라는 이 회사의 슬로건은 시시콜콜한 근무 규정과 업무 지시로 동료와 직원들에게 스트레스를 주고 있지는 않은지 기업의 많은 사람들을 되돌아보게 합니다.

램 차란·게리 윌리건, 이은경 옮김, 《컴피티션 시프트》(비전코리아, 2021)

09

아폴로, 아이폰, 아마존의 공통점

1962년, 미국의 존 케네디 대통령이 야심 찬 계획을 발표했습니다.

"10년 안에 사람을 달에 착륙시키겠다."

NASA(미 항공우주국)의 로켓과학자들이 발칵 뒤집어졌습니다. 당시 기술로 10년 안에 유인우주선을 달에 보내는 것은 불가능했기 때문입니다. 그러나 케네디 대통령은 단호했습니다.

"그 일을 해내는 게 당신들의 몫입니다."

도무지 불가능해 보이는 것을 꿈꾸고 이뤄내는 것을 '문샷 사고 (moon shot thinking)'라고 합니다.

"그러려면 사고방식을 완전히 바꿔야 합니다."

케네디 대통령은 이 한마디로 세상을 바꾸는 '문샷 사고'의 주창자로 역사에 이름을 남겼습니다. 미국이 1969년 유인우주선 아폴로11호를 달에 착륙시키는 데 성공한 것은 NASA 로켓과학자들의 '문샷 사고' 덕분입니다.

'문샷 사고'의 출발점은 '전략적 사고'입니다. 본인만의 가설을 세운 뒤 머릿속으로 완성 단계까지 검증하는 '사고 실험'이 필요합니다. 아폴로11호의 성공 주역은 사고 실험을 한 단계 발전시킨 '백캐스팅(back-casting)'이었습니다. 백캐스팅이란 자신의 아이디어가 실현됐다는 가정 하에 이것을 이루기 위한 경로나 맞닥뜨릴 문제 요인들을 탐색하는 것을 말합니다.

"NASA는 인간이 달에 발 디디는 것을 기정사실로 하고, 그렇게 하려면 어떤 단계가 필요할지 거꾸로 되짚어 나갔다."

오잔 바롤은 자신의 저서 《문샷》에서 이렇게 말했습니다.

아마존은 이런 사고 방식으로 성공을 거둔 대표적 기업입니다. 새 제품을 개발할 때 미래에서 과거를 돌아보는 관점을 취해 완성도를 높입니다.

"아마존의 직원들은 아직 존재하지 않는 제품에 대해 보도자료를 작성한다. 그 보도자료에는 고객이 자주 물을 것으로 예상되는 질문 목록이 6페이지나 첨부돼 있다. 전문가 팀으로 하여금 비전문가의 관점으로 제품을 보도록 압박한다."

오잔은 이런 백캐스팅을 통해 어떤 아이디어가 추구할 가치가 있는지 적은 비용으로 평가해낼 수 있다고 말합니다.

애플의 아이폰도 '문샷 사고'의 성과물입니다. '모든 필요를 충족해주는 단 하나의 기기에 대해 어떻게 생각하는가?'라는 시장 설문조사에서 미국인과 일본인, 독일인의 30퍼센트만이 '좋다'고 응답했습니다. 사람들은 별도의 전화기, 카메라, 뮤직플레이어를 원하지 모든 기능을 다 합친 단일기기를 원하는 것 같지 않았습니다. 하지만 아이폰에 기적이 일어났습니다. 소비자들이 아이폰을 대면하자 그것을 손에서 내려놓을 수 없게 된 것입니다.

"소비자가 가상의 신발을 얼마 주고 사겠다고 하는 것과 실제로 매장에서 마음에 드는 신발을 집어 든 다음 아깝기 짝이 없는 돈을 점원에게 건네는 건 전혀 다른 일이다"라고 오잔은 말합니다.

"난 자격이 없어." "준비가 안 된 것 같아." "딱 맞아떨어지는 인맥이 없어." "충분한 시간이 없어."

사람들이 맡겨진 업무를 포기할 때 흔히들 하는 말입니다. 이렇듯 대부분의 사람들은 효력이 제대로 입증된 방법을 찾아내기 전까지는 시작조차 하지 않으려고 합니다. 그러나 오잔은 '문샷 사고'의 중요성을 강조하며 다음과 같이 말합니다.

"절대적인 확실성이라는 건 신기루일 뿐이다. 살다 보면 불완전한 정보를 자기 의견의 토대로 삼아야 하고, 개략적인 데이터만 가지고서 의사결정을 내려야 하는 상황에 맞닥뜨리기 마련이다."

오잔 바롤, 이경식 옮김, 《문샷》(알에이치코리아, 2020)

10

우버처럼 설득하라

세상을 살아간다는 것은 누군가를 설득하는 일의 연속입니다. 부모는 자녀의 행동을, 리더는 조직을, 직원은 상사의 마음을, 마케터는 소비자의 마음을 바꾸고 싶어 합니다. 하지만 누군가의 생각과 행동을 웬만한 설득으로 움직이기는 어렵습니다. 미국 와튼 스쿨의 조나 버거 교수는 사람들의 행동 변화를 이끌어낼 수 있는 근본적인 방법을 연구한 대표적인 전문가입니다.

"누구나 합리적인 데이터를 제시해 상대를 납득시키면 생각과 행동이 바뀔 것으로 예상하지만 실제로는 아무런 변화도 일어나지 않는다."

버거 교수는 그 이유에 대해 '사람들의 마음속에 변화를 가로막는 다섯 가지 심리 장벽'이 도사리고 있기 때문이라고 말합니다.

"타인의 설득에 저항하는 리액턴스(reactance) 효과, 해오던 방식을 고수하는 소유 효과, 수용 범위 밖의 정보를 거부하는 거리감, 불확실한 상황을 접할 때 일시 정지하는 불확실성, 더 많은 증거를 원하는 보강 증거의 장벽을 없애야 행동을 변화시킬 수 있다."

빼어난 말솜씨가 아니라 사람들의 마음속 장벽을 허물 수 있는 촉매를 찾는 것이 필요하다는 것입니다. 차량 공유 서비스 회사인 우버는 고객의 이런 심리 장벽을 허문 대표적인 성공 사례로 꼽힙니다.

"우버는 낯선 사람의 차를 탄다는 소비자들의 거리감이라는 장벽을 마주했다. 처음부터 대중을 상대로 서비스하는 대신 고급 차량 호출 서비스라는 작은 분야부터 시작해 시장에 진입했다."

우버는 '고급화 포지셔닝'이 성공하자 대중용 '우버엑스'를 소개하며 점차 서비스 범위를 넓혀 나갔습니다. 버거 교수는 우버의 이런 시도를 "우버는 소비자에게 디딤돌을 놓아주듯 천천히 고객들을 자신들의 시스템으로 이끌었다"고 평가했습니다.

익숙한 방식에서 벗어나지 않으려는 사람들을 움직이려면 핵심을 짚어내는 메시지도 필요합니다. 영국 보수당 정부가 EU(유럽 연합)에 남는 것을 더 선호하던 국민들을 설득해 '브렉시트'를 이끌어 낸 데는 사람들 마음속의 '소유 효과'를 없앤 것이 주효했습니다.

'영국의 자주권을 찾자'가 아닌 '영국의 자주권을 되찾자'라는 슬로건을 내걸어 'EU 탈퇴는 새로운 변화를 도모하는 게 아니라

이전의 영국으로 되돌아가는 일'이라는 것을 상기시킨 것입니다.

버거 교수에 의하면 상대방을 무작정 설득하려 들지 말고 이해하는 일부터 시작해야 합니다.

"왜 공급사에서 예상보다 높은 가격을 요구할까? 그들도 비용 압박을 크게 받는 상황일지 모른다."

배우자가 싱크대에 양념이 묻은 접시를 그냥 놓아뒀다고 화를 냈을 때도 마찬가지입니다.

"정말로 접시 때문에 그럴 수도 있지만 부부 사이에 다른 심각한 문제가 쌓였다는 신호일 수도 있다."

상호 이해를 문제해결의 출발점으로 삼아야 한다는 뜻입니다.

"상대방을 변화시키려고 할 때 우리는 자기중심적으로 행동한다. 우리가 추구하는 목표나 변화가 모두에게 옳고 좋은 것이라고 맹신하면서 정작 변화 대상을 이해하는 일을 간과한다."

이런 식으로는 설득에 성공할 수 없습니다. 상대방이 누구인지, 그들이 원하는 것과 우리가 원하는 게 어떻게 다른지, 무엇이 그들의 변화를 가로막고 있는지 등을 제대로 짚어봐야 한다고 버거 교수는 강조합니다.

"상대방을 이해하는 것이 멀리 돌아가는 것처럼 보여도 궁극적으로는 변화를 위한 지름길이다."

조나 버거, 김원호 옮김, 《캐털리스트》(문학동네, 2020)

‖ 11 ‖

스토리를 만들어라

1992년 5월, 미국 로스앤젤레스에서 백인 경찰의 인종 차별 폭행에 항의하는 흑인 폭동이 일어났습니다. 흑인 거주 지역과 인근 한인 타운이 일주일 가까이 무정부 상태에 빠졌습니다. 1만 2,000여명이 체포된 이 폭동으로 63명이 목숨을 잃고, 2,300여 명이 다쳤으며, 10억 달러(약 1조 3,000억 원) 가량의 자산이 파괴되는 큰 피해가 발생했습니다.

그러나 맥도날드 점포들만은 '무풍지대'였습니다. 아무런 피해도 입지 않았습니다. 폭동 참가자들이 "그들은 우리 편"이라며 보호해준 덕분입니다. 훗날 "우리 편이라니 무슨 얘기냐"고 묻는 연구자들에게 흑인들은 이렇게 설명했습니다.

"맥도날드 사람들은 우리를 보살펴줬습니다. 농구를 하고 싶지만 지저분한 뒷골목밖에는 마땅한 곳이 없던 때 맥도날드는 우리에게 공을 주고 농구장을 지어줬습니다."

맥도날드의 사례는 기업들이 만들고, 엮고, 다듬어내는 '스토리'가 기업의 핵심 자산임을 일깨워줍니다. 지속적인 이벤트나 에피소드 창출을 통해 대중에게 각인시키는 브랜드 이미지가 기업의 미래를 긍정적으로 이끌어가는 에너지가 된다는 것입니다.

영국의 브랜드 전략 컨설팅 회사인 밸류엔지니어스의 대표인 자일스 루리는 "기업의 스토리는 영속적인 매출을 이끄는 광고보다 강력한 마케팅 요소가 되고 있다. 이류는 광고만 하고, 일류는 스토리를 만든다"고 말했습니다.

그것의 대표적인 사례로 영국의 펭귄출판사는 하나의 에피소드를 "좋은 책을 읽고 싶다면 분야가 무엇이든 펭귄출판사 책을 골라라"라는 브랜드 마케팅에 적극 활용해 큰 성공을 거뒀습니다. 1987년, 영국 성공회의 테리 웨이트 대주교가 5년 동안 레바논에 인질로 잡혀 있을 때 일어난 일을 널리 퍼뜨린 것입니다.

"대주교는 책을 읽고 싶지만 언어 장벽으로 인해 원하는 책을 설명할 수 없었다. 궁리 끝에 책표지에 펭귄 그림이 있는 책을 가져다 달라고 했고, 경비는 표지에 펭귄 마크가 있는 펭귄출판사의 책을 가져다주었다."

자일스에 따르면 이런 식의 스토리는 고객은 물론 직원들에게도 큰 효과가 있습니다.

"스토리를 전해들은 직원들은 회사의 브랜드 가치를 깨닫고, 로열티를 높여 기업에 더 헌신할 수 있게 된다."

한 편의 스토리가 주는 힘은 거창한 프레젠테이션이나 딱딱한 워크숍을 통해 얻는 것보다 훨씬 감동적이고, 오래 기억할 수 있으며, 직원들에게도 본보기로 삼고 싶은 롤모델을 제시합니다.

월트디즈니를 독보적인 '콘텐츠 왕국'으로 키워낸 마이클 아이스너 전 회장의 경영 비결도 '스토리 만들기'였습니다. 그는 취임 초 임직원들에게 캐릭터를 연기하는 배우보다 주차요원의 역할이 더 중요함을 강조했습니다.

"주차요원이야말로 고객이 디즈니랜드에 들어서는 순간 처음 만나는 사람이기에 가장 중요한 인물이다. 주차요원은 디즈니랜드에서 그날 예정된 행사나 퍼레이드 시간, 점심식사를 할 만한 좋은 장소에 대해 무엇이든 대답할 수 있어야 한다."

자일스 루리, 이정민 옮김, 《폭스바겐은 왜 고장난 자동차를 광고했을까》(중앙북스, 2020)

12

하지 말아야 할 일을 하지 말라

인도 청년 모니시 파브라이의 인생이 바뀐 건 공항에서였습니다. 비행기 탑승 대기실에서 읽은 책을 통해 워런 버핏의 성공담을 알게 된 것입니다.

"스무 살의 나이에 투자를 시작해 44년 동안 매년 31퍼센트의 수익을 냈다."

불현듯 그에게 한 가지 생각이 떠올랐습니다.

'버핏의 투자원칙을 그대로 모방하면 어떻게 될까?'

"부자들은 세상의 모든 부(富)를 '확률 게임'으로 인지하고 '이기는 게임'에만 승부를 건다."

미국의 저널리스트 윌리엄 그린이 월가의 투자 대가들이 부를 일군 과정을 추적한 끝에 내린 결론입니다. 그것의 전형적인 예가 파브라이입니다. 일류대학의 MBA(경영학 전문석사) 학위를 이수하지 않았고, 금융계 근무 경험도 전무한 그가 기댄 건 오로지 '철저한 모방'이었습니다. 그는 버핏을 철저하게 따라 해서 통장의 100만 달러를 10억 달러로 불리겠다는 목표를 세웠습니다.

파브라이가 파악한 버핏의 투자원칙은 네 가지였습니다.

"첫째, 자신이 분석할 수 있는 종목에만 투자한다. 둘째, 안전 마진(기업의 내재가치와 주가 사이에 발생하는 차이)이 충분히 생기도록 내재가치보다 대폭 할인된 가격에 거래한다. 셋째, 단순히 저렴한 종목이 아닌 건실한 회사를 매수한다. 넷째, 기업의 재무제표가 명확하고 단순한 기업에 투자한다."

미국의 상장 기업 중에서 이 네 가지 원칙에 부합하는 종목을 찾아봤지만 마땅한 것이 없었습니다. 일본, 한국, 인도 기업들까지 살펴본 끝에 인도의 컴퓨터 서비스업체인 '사티얌'을 찾아냈고, 5년 만에 150배의 수익을 냈습니다. 자신감을 얻은 파브라이는 투자 파트너십을 출범시켜 2000~2018년 S&P500 지수가 159퍼센트 오르는 동안 1,204퍼센트의 수익률을 거뒀습니다.

버핏의 투자원칙뿐만 아니라 금언도 그의 인생에 큰 깨우침을 줬습니다.

"자기보다 더 나은 사람들과 시간을 보내라. 발전하지 않을 수 없다."

파브라이와 그의 스승인 버핏을 비롯해 수많은 미국의 '슈퍼 리

치'들을 인터뷰한 윌리엄 그린은 그들에게서 발견한 여덟 가지 성
공 법칙을 다음과 같이 정리했습니다.

① 현명한 투자자의 사소한 습관까지 복제하라.
② 시장을 선점하려면 괴짜가 되어라.
③ 의심하고, 의심하고, 또 의심하라.
④ 인생에 잠복해 있는 난폭함을 견뎌라.
⑤ 단순성이야말로 성공의 문을 여는 마스터키다.
⑥ 순간의 만족에 현혹되지 마라.
⑦ 습관이 미래를 결정한다.
⑧ 다른 사람들의 어리석은 실수를 수집하라. 그러한 실수만 피
해도 승산이 있다.

투자의 대가들은 "어려운 것을 해내려고 애쓰기보다 하지 말아
야 할 것을 하지 않는 것에 주력하라"고 강조합니다.

"우월해지고 싶다면 그건 어려운 일이다. 반면에 하지 말아야 할
일을 하지 않는 건 통제하기도, 달성하기도 쉽다. 나는 7kg을 빼겠
다고 하지 않는다. 그렇지만 도넛을 먹지 않겠다고 하면 그건 쉬운
일이다."

'왜 내가 틀릴 수 있을까?'라는 물음을 자주 던지는 찰리 멍거의
'반증주의 사고체계'도 살펴볼 만합니다. 끔찍한 결과를 상상하고,

어떤 판단이 그런 비참한 운명을 초래하는지 스스로 물어보면서 문제를 뒤집어 분석하고, 자기 파괴적 행동을 절제하는 것입니다.

찰리 멍거의 말은 깊은 깨우침을 줍니다.

"사람들은 똑똑해지려고 하지만 나는 그저 멍청해지지 않으려고 노력한다. 그런데 그게 사람들이 생각하는 것보다 힘들다."

윌리엄 그린, 방영호 옮김, 《돈의 공식》(RHK, 2022)

13

챔피언은 변명하지 않는다

세계 정상에 오른 스포츠 스타는 대개 뛰어난 신체적 특성이나 재능으로 주목받습니다. "수영선수 마이클 펠프스는 양팔이 엄청나게 길고, 테니스 스타 로저 페더러는 공을 치는 타이밍이 기가 막히며, 육상 단거리 선수인 우사인 볼트는 남다른 속근섬유(수축이 빨라 순발력에 관여하는 근육)를 갖고 태어났다"는 식입니다.

그러나 미국의 스포츠 심리학자인 짐 아프레모는 이들을 위대한 스포츠맨으로 만든 것은 타고난 재능에 앞서 '강인한 정신력'이라고 말합니다.

아프레모는 미국의 올림픽 국가대표와 프로야구(MLB), 프로농구(NBA), 프로골프(PGA) 선수와 감독들의 멘털 코치를 맡으면서 선수들을 면밀히 관찰했습니다. 힘과 힘이 서로 부닥치고, 피와 땀이

뒤얽힌 스포츠 경기에서 우수한 선수 100명을 줄 세워 놓으면 체력에 있어서는 큰 차이가 없다는 것이 그가 관찰한 뒤에 내린 결론이었습니다.

"오랫동안 기억되는 챔피언을 만들어내는 것은 엄청난 중압감을 견디고 마지막 한 줌의 잠재력까지 모두 끌어내는 정신력이다."

그런데 정신력은 유동적입니다. 신체적 역량과 달리 마음의 역량은 순간마다 흔들립니다. 훈련으로 신체적 힘을 기르듯, 마음의 힘도 갈고 닦아야 하는 이유입니다. 수많은 챔피언들이 밝힌 '정신력을 연마하는 비결'에는 공통점이 있습니다. 최고를 지향하고, 아무리 힘들어도 훈련을 게을리하지 않으며, 스스로의 힘을 믿는다는 것입니다.

올림픽 레슬링 금메달리스트 조던 버로우는 경기 당시 "내 눈에는 오직 금메달만 보였다"고 말했습니다. 가장 높은 수준을 노려야 최고의 기량을 발휘할 수 있다는 말입니다. 장대높이뛰기 세계 1인자 세르게이 부브카는 '일단 실천하라'고 조언합니다. 말보다 행동의 힘이 세다는 것은 불변의 진리입니다. 테니스의 전설로 불리는 존 매켄로 역시 '힘든 상황에서도 자신감을 갖는 것'이 위대한 선수의 표식이라고 했습니다. 성공하려면 자기 자신부터 믿어야 한다는 것입니다.

아프레모는 챔피언들의 결정적인 공통점으로 '변명하지 않는다'는 것을 꼽으며 다음과 같이 말했습니다.

"경기 시작 전 혹시라도 우수한 성적이 나오지 않을까봐 미리 쉬운 길을 택하려고 꼼수를 부리거나 변명을 늘어놓는 사람이 있다. 하지만 이런 말들은 씨가 되어 형편없는 점수로 이어진다."

그러나 챔피언들은 다릅니다. 상황이나 몸 상태가 최상이 아니더라도 '난 여전히 잘할 수 있어! 지금 해야 하는 일에 집중하자'라고 다짐하며 여전히 이길 수 있다고 믿습니다.

챔피언들은 자신의 경기를 오롯이 책임지며, 결과가 승리이든 패배이든 태도가 달라지지 않습니다.

아프레모는 이런 챔피언들의 특징을 누구나 다 가지고 있다고 말합니다.

"챔피언들이 발휘하는 강한 멘털, 포기를 모르는 의지, 인내심, 집중력, 평정심이 당신의 눈에 잘 보이는가? 그렇다면 그것을 너무 부러워하지 말라. 당신이 부러워하는 그 특징이 당신 안에도 존재한다. 제대로 발현될 순간만을 기다리고 있을 뿐이다."

짐 아프레모, 홍유숙 옮김, 《챔피언의 마인드》(갤리온, 2021)

‖ 14 ‖

‘실질적인 진실’이 진실이다

미국과의 전쟁을 승리로 이끈 베트남군의 명장 보응우옌잡은 훗날 CNN과의 인터뷰에서 전쟁에서 ‘세 가지를 하지 않은 것’을 승리의 비결로 꼽았습니다.

"적이 원하는 장소에서, 적이 원하는 시간에, 적이 예상한 방식으로 싸우지 않았기에 승리할 수 있었다."

보 장군의 이 말은 ‘적의 예상을 깨뜨림’으로써 주도권을 쥐는 것이야말로 약자가 강자와의 싸움에서 이길 수 있는 유일한 방법임을 일깨워 준 명언으로 지금까지도 회자되고 있습니다.

미국의 자기계발 전문 작가 로버트 그린은 지난 3,000년 동안 정치와 전쟁, 협상에서 큰 성과를 낸 인물들의 성공 비결을 바탕으로 ‘인간 생존의 법칙’을 다음과 같이 정리했습니다.

"성공한 인물들은 모두 인간 본성의 결핍과 불안을 활용해 구체적인 전략을 세우고 실행했다. 상대에게 주도권을 빼앗긴 채 무기력한 상태로 끌려다니지 않으려면 반드시 빈틈없는 전략으로 무장해야 한다."

그린은 과거에는 개개인이 국가와 대가족, 회사 등 집단의 보호를 받을 수 있었지만 더 이상 그렇지 않다며 지금 당장 버려야 할 것이 있다면 '평화'와 '협동'이라는 낭만적 이상으로 무자비한 세상을 헤쳐 나갈 수 있다는 자신감이라고 말합니다.

"많은 이들이 우정이라는 가면을 쓰고 공격적 욕망을 숨긴다. 따라서 전략가로서의 첫 번째 과제는 '적의 개념'을 확장하는 것이다. 당신이 어떻게 대처하든 순진한 희생양은 되지 말아야 한다. 절대로 생존을 위한 당신의 무기를 완전히 내려놓지 마라. 친구 앞이라도 마찬가지다."

나폴레옹이 전쟁에서 연승을 거둔 비결은 '강력한 통제에 대한 유혹'을 떨친 결과라는 성찰도 눈길을 끕니다.

"나폴레옹은 장군들에게 임무를 주고 그들이 임무를 알아서 완수하도록 일체 관여하지 않았다. 그 결과 상·하부로 명령을 전달하느라 소모되는 시간이 거의 없었고, 훨씬 빠른 속도로 진군할 수 있었다."

여러 군단이 패턴 파악이 불가능한 형태로 움직인 탓에 적군이 나폴레옹의 의중을 파악할 수 없었다는 것입니다.

그린은 "유동적이고, 신속하며, 단순히 한 방향으로만 움직이지 않는 조직만이 살아남을 수 있다"고 강조합니다.

"리더라면 조직을 통제하고, 조직의 모든 활동에 관여하고 싶은 마음이 들 것이다. 그렇게 하다 보면 민첩하지 못한 재래식 군대의 틀을 벗어나지 못하게 된다."

전쟁은 거의 모든 것이 결과로 판단됩니다. 장수가 군대를 패배로 이끌었다면 의도가 아무리 고귀했고 예상치 못한 요소들 때문에 계획이 틀어진 것이라 해도 패장의 책임을 면할 수 없습니다. 마키아벨리는 이런 기준을 정치학에 적용했습니다.

"정치가는 말이나 의도가 아니라 그들이 취한 행동의 결과에 책임져야 한다."

그는 이것을 '실질적인 진실'이라고 일컬었습니다. 진짜 진실은 말이나 이론상으로서가 아니라 실제로 일어난 일을 의미합니다.

로버트 그린, 안진환 옮김, 《인간 생존의 법칙》(웅진지식하우스, 2021)

15

고통을 함께 나누는 것의 가치

회의 시간에 한 직원이 평소와 달리 딴 생각에 잠겨 있는 듯 했습니다. 매니저인 앤디가 그에게 다가가 괜찮은지 물었습니다. 여동생이 갑작스런 사고로 세상을 떠났다는 얘기를 듣게 됐습니다. 앤디는 MBA(경영학 석사) 과정과 리더십 개발 프로그램에서 배우지못한 결정을 내려야 했고 고민에 빠졌습니다.

'매니저로서 직원의 사생활을 자신이 관리해야 할 중요하고 새로운 상황으로 간주해야 할까? 아니면 업무 범위를 벗어난 것으로판단하여 그냥 놔둬야 할까?'

애플·구글·아마존 등 실리콘밸리 기업들은 직원들의 업무 과정은 물론 업무 바깥에서 발생한 고통까지 조직적으로 챙기는 '컴패션(compassion: 연민, 동정심) 경영'을 실천하고 있습니다. 미시건대학교 경영대학의 모니카 월라인 교수와 제인 더튼 교수는 이런 컴패션 경영이 개인은 물론 기업의 업무 실적과 가치까지 향상시킨다고 말합니다.

"고통은 어디서나 발생할 수 있다. 업무의 과부하, 동료들과의 관계, 권위적인 업무 문화 등 직장 내 문제로 비롯될 수도 있고 자신이나 가족의 문제 등 업무 바깥에서 흘러들어오기도 한다."

문제는 동료의 고통을 알아차리는 게 쉽지 않다는 점입니다. 고통받는 이들이 수치심이나 두려움 같은 감정들로 인해 직장에서 자신의 고통을 겉으로 드러내기를 주저할 수 있기 때문입니다.

평소 동료들의 에너지와 업무 패턴을 파악하는 것이 그래서 중요합니다. 패턴에서 일탈하는 것을 포착해냄으로써 고통을 알아차릴 수 있기 때문입니다.

동료들 간에 서로를 속속들이 알고 보듬는 문화가 정착되면 조직이 단단해집니다. 미국의 어느 기업에서 일어난 일은 그런 사실을 아주 잘 대변해줍니다. 기업의 팀 실적 조사에서 최고 점수와 좋은 평가를 받은 팀이 과실률도 가장 높은 것으로 나온 것입니다. 언뜻 납득하기 어렵지만 당연한 결과입니다.

"팀워크가 좋지 않고 신뢰도가 낮은 팀의 구성원들은 반드시 보고해야 할 경우가 아니면 과실을 보고하지 않았다. 과실로부터 무엇을 배울 것인지에 대해서도 말하지 않았다."

반면 팀워크가 좋은 팀들은 과실이나 실패, 실수에 가까운 상황에 대해 토론하고 이를 통해 새롭게 배우려는 의지를 보였습니다.

"이 팀들은 과실에 대해 더 자주 보고했고, 더 수월하게 말했다."

'컴패션 경영'은 인원 감축과 같은 조치를 취할 때 특히 중요합니다. 월라인과 터튼 교수는 말합니다.

"컴패션이 부족하면 감정적 비용을 추가하게 되어 재정적 고통을 악화시킨다. 인간의 고통에 대해 법적으로만 접근하면 대가가 큰 '컴패션 딜레마'가 발생한다."

인원 감축을 컴패션으로 진행하면 떠나는 사람들과 남겨진 사람들 모두의 안녕과 회복력이 증가하는 것은 물론 조직의 수익성도 올라간다는 것입니다.

글로벌 비즈니스 인맥사이트 회사인 링크트인의 CEO 제프 와이너는 "컴패션의 의미와 가치를 배우지 않았다면, 그것을 회사에 적용하지 않았다면 나와 회사는 이 자리에 없었을 것이다"라고 말했습니다.

컴패션 경영이 자리 잡은 조직문화의 가치는 다음과 같은 질문을 통해 명확히 드러납니다.

"당신은 어디에서 일하고 싶은가? 당신을 보살피고 진정한 관심을 쏟는 조직인가, 당신에게 높은 성과만을 기대하는 조직인가?"

모니카 월라인·제인 더튼, 김병전·김완석·박성현 옮김, 《컴패션 경영》(김영사, 2021)

‖ 16 ‖

진심 어린 사과의 여섯 단계

2017년 4월, 시카고 공항의 유나이티드항공 기내에서 승무원들이 승객을 폭행하는 사건이 발생했습니다. 항공사 측의 실수로 정원을 초과해 탑승시킨 승객을 무작위로 추첨해 내려줄 것을 요구했지만 거부당하면서 일어난 일입니다. 추첨에 걸린 승객이 '환자를 만나러 가는 의사여서 내릴 수 없다'고 했는데도 보안요원을 동원해 기내 밖으로 질질 끌어냈습니다. 동양인이었던 승객이 저항하자 완력을 휘두르기까지 했습니다. 피를 흘리고 절규하며 끌려 나가는 승객의 사진을 본 사람들은 큰 충격을 받았습니다.

더 심각한 문제는 그 뒤에 일어났습니다. 이 회사의 CEO가 한 '공개 사과'의 내용 때문이었습니다. 승객 폭행에 대한 반성은 없이 "정원을 초과해서 예약받은 것에 대해 사과한다"고 말한 것입니다.

비난이 쏟아지자 "그 고객을 재배치할 수밖에 없었던 점에 대해 사과드린다"는 말로 또 한 번 사람들의 염장을 질렀습니다. 대중의 분노가 폭발했고 유나이티드항공은 불매 운동과 주가 폭락, 당국 조사 등에 휘말려 큰 곤욕을 치렀습니다.

사과를 한다는 게 오히려 사람들을 더 분노하게 만든 유나이티드항공과 같은 사례는 드물지 않습니다. 숱한 기업과 정치인들 사이에서도 적잖게 일어납니다. 영국의 커뮤니케이션 전문가인 숀 오마라와 케리 쿠퍼는 다급하게 서두르는 사과가 일을 그르친다고 말합니다. "잘못된 사과는 실책을 만회하기는커녕 그 자체가 또 하나의 실책이 된다"는 것입니다. 잘못된 사과를 했을 경우 그 내용과 방식에 대해 또 사과해야 하고, 이미지 악화로 인한 손실과 수습에 드는 비용은 몇 배로 늘어나기 때문입니다.

치킨 프랜차이즈 브랜드인 KFC도 이런 실수를 저질렀습니다. KFC 매장의 주방과 서비스 구역에 쥐가 드나들고 곳곳이 기름 때로 뒤덮여 있다는 사실이 적발되자 "저희는 위생을 매우 중요하게 생각합니다"라는 뚱딴지같은 성명서를 내놓은 것입니다. 페이스북도 마찬가지였습니다. CEO인 마크 저커버그는 개인 정보 유출사고에 대해 "이것은 대다수 사람들이 원하는 일이 아니었던 것 같습니다. 저희들의 예상이 빗나갔습니다"라는 애매한 사과로 사용자들의 분노를 키웠습니다.

오마라와 쿠퍼는 사과에 담겨야 할 핵심 요소로 '후회 → 해명

→ 책임에 대한 인식 → 뉘우침 → 보상 제시 → 용서 구하기'를 꼽습니다. SNS 시대를 맞아 더 부각되고 있는 '과잉 사과'의 문제점도 이런 관점에서 살펴볼 것을 권합니다. "사과하지 않아도 될 일에 대해 사과하거나 사안의 중대성이나 심각성에 비춰 볼 때 필요 이상으로 사과하는 것은 역효과를 불러일으킨다"는 것입니다.

그들은 상황에 맞게 제대로 된 사과를 하는 건 어려운 일이 아니라며 다음과 같이 말합니다.

"사과 대응 계획은 복잡할 필요가 없다. 다음 세 가지 질문을 던지기만 하면 된다. 첫 번째로 미안해해야 할 일인지 결정하고, 두 번째로 얼마나 미안해해야 할지 결정한 뒤, 마지막으로 사태를 어떻게 수습할 것인지 결정하면 된다. 대중은 언제나 진심 어린 사과와 함께 책임져야 할 사람이 잘못에 대해 제대로 책임지기를 원한다. 진심을 담은 사과는 사람들의 마음을 얻어 위기를 딛고 조직을 일으키게 한다."

손 오마라·케리 쿠퍼, 엄창호 옮김, 《사죄 없는 사과사회》(미래의 창, 2020)

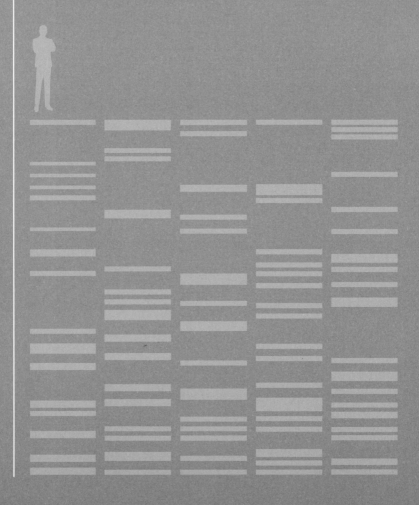

성공하는 리더,
실패하는 조직

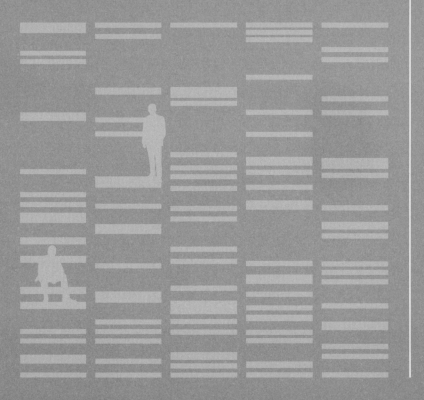

독수리를 새장에 가두지 말라

"직원들에게 휴가를 가고 싶은 만큼 가라고 하면 하늘이 무너질 줄 알았다. 하지만 달라진 것은 없었다. 예외가 있다면 사람들의 만족 도가 조금 올라간 것 같았고, 3주 연속 80시간을 일한 뒤 아마존의 야노마니 부족을 찾아가는 것처럼 별나게 자유를 만끽하는 직원들 이 있는 정도다."

넷플릭스 CEO 리드 헤이스팅스가 털어놓은 말입니다.

미국의 콘텐츠·엔터테인먼트 회사인 넷플릭스는 '규칙 없는 기 업'으로 유명합니다. 휴가 규정만 없는 게 아닙니다. 웬만한 회사에 는 있는데 넷플릭스에는 없는 규정과 절차만 10가지가 넘습니다. 비용 규정, 승인 절차, 출장 규정, 계약 승인, 성과 향상 계획, 인상 풀, 핵심 성과지표, 연봉밴드… 심지어 성과 보너스도 없습니다. 이미 보너스를 뛰어넘는 업계 최고 수준의 연봉을 직원들에게 주기 때문입니다. 헤이스팅스는 '인간은 확실한 보상을 보장받을 때 최고의 아이디어와 창의성이 발현된다'고 믿습니다.

또한 그는 '유능한 인재에게 규칙 따위는 필요하지 않다. 오히려 걸림돌이 될 뿐이다'라는 사실을 간파하고 철저하게 이런 자신의 신념을 경영에 적용했습니다.

"넷플릭스는 F&R(freedom and responsibility: 자유와 책임) 원칙으로 움직인다."

넷플릭스가 '지구에서 가장 빠르고 유연한 기업'으로 불리는 기업문화를 갖게 된 배경입니다. 아무리 남다른 창의성을 갖추고 능률적으로 일하는 인재들로 회사를 꾸리더라도 통제와 규정을 마련하면 직원들의 장점을 상쇄한다는 판단에서였습니다. 헤이스팅스에게 직원들을 통제 시스템 안에 두는 것은 '하늘로 솟구쳐 오르려는 독수리를 새장에 가두는 격'이었습니다.

솔직한 피드백 문화도 넷플릭스의 빼놓을 수 없는 강점입니다. 매니저가 마뜩찮게 생각하는 아이디어라도 자신이 옳다고 판단하면 실천에 옮길 것을 직원들에게 강조합니다.

"상사의 비위를 맞추기보다 회사에 가장 득이 되는 것을 하라."

이런 기업문화를 작동시키기 위한 전제조건이 있습니다. 직원 개개인이 최고의 인재, 즉 '베스트 플레이어'여야 한다는 것입니다. 헤이스팅스는 말합니다.

"넷플릭스는 로비 안내요원부터 고위 임원진에 이르기까지 해당 분야에서 가장 뛰어난 성과를 올리면서도 협동 능력이 탁월한 직원들로 채우는 데 총력을 기울인다."

'인재 밀도(talent density)'를 최고조로 유지하기 위해 '칼 같은' 직원 관찰과 관리에도 주력합니다. 그 방안으로 고안한 것이 '키퍼 테스트(keeper test)'입니다. 조직관리자 입장에서 '팀원 중 한 사람이 내일 그만두겠다고 하면 다시 한 번 생각해보라고 설득하겠는가, 아니면 속으로 다행이라고 생각하며 사직서를 수리하겠는가'라고 묻는 것입니다. 헤이스팅즈는 "후자의 경우에 해당되는 직원이라면 지금 당장 그에게 퇴직금을 주고 그를 대신할 스타 플레이어를 찾아야 한다"고 말합니다.

비정하게 보일 수도 있지만 '회사 내 조직은 가족이 아니라 업무를 위해 결성된 팀'이기 때문입니다. 헤이스팅즈는 자신을 향해서도 '내가 맡은 일을 다른 사람이 하면 회사가 더 잘될까?'라는 의문을 수시로 품는다고 합니다.

"올림픽에 출전하는 하키 팀을 생각해보자. 어떤 선수를 팀에서 내보내는 것은 애석한 일이지만 팬을 비롯한 다른 사람들은 그것이 팀을 강하게 만들 배짱과 능력을 갖춘 사람만이 내릴 수 있는 결단이었다고 칭찬할 것이다."

리드 헤이스팅스·에린 마이어, 이경남 옮김, 《규칙 없음》(알에이치코리아, 2020)

║ 02 ║

인텔의 운명을 바꾼 질문

세계 최대 메모리 반도체 기업이던 미국의 인텔이 1980년대 큰 위기를 맞았습니다. 일본 기업들에 메모리 사업을 추월당하기 시작하더니 갑자기 실적이 뚝 떨어진 것입니다. 1985년 여름, 사장이었던 앤드루 그로브는 고든 무어 회장 겸 CEO를 찾아가 물었습니다.

"만약 우리가 쫓겨나고 새 CEO가 온다면 그 사람이 어떻게 할 것 같습니까?"

무어는 주저 없이 말했습니다.

"메모리 사업에서 손을 떼게 하겠지."

그로브는 잠시 회장을 바라보다가 이렇게 말했습니다.

"회장님과 제가 지금 문밖으로 나갔다가 새로운 사람이 되어 돌아오면 되지 않을까요? 우리가 메모리 사업을 끝내면 되지 않겠습니까?"

인텔은 결국 메모리 사업 철수와 비메모리 반도체 특화라는 결단을 내렸고, 이전보다 더 강력한 반도체 산업의 세계 최강자 시대를 열었습니다. 무어의 뒤를 이어 인텔 회장을 맡아 '실리콘밸리의 기둥' '디지털 혁명의 선도자'로 불리는 업적을 이뤄낸 그로브의 경영 혁신은 이렇게 시작됐습니다. 그는 다음과 같이 말했습니다.

"기업은 필연적으로 사업과 관련한 근본적인 것들이 변하기 시작하는 시점인 '전략적 변곡점(strategic inflection point)'을 맞이할 수밖에 없다. 그것은 기업의 최후를 알리는 전조가 될 수도 있고, 새로운 성장 기회가 될 수도 있다."

그로브는 기업 환경에 전면적인 변화가 일어나 기존의 어떤 방법도 소용이 없어지는 때를 '전략적 변곡점'이라고 정의했습니다.

"예전에는 없었던 일들이 벌어지고 지금껏 해오던 대응 방식으로는 더 이상 사업을 끌고 가기 어려워지는 때가 있다. 사소한 변화가 아닌 이런 엄청난 변화, 즉 모든 것이 변하기 시작하는 시점이 '전략적 변곡점'이다."

문제는 이러한 변곡점이 언제 시작되는지, 그 변화의 실체가 뭔지 정확히 알 수 없다는 것입니다. 그로브 역시 "그저 어렴풋이 뭔가 변했다는 느낌만 들 뿐이다"라고 회고했습니다. 그래서 조직의 최종 책임자인 리더는 항상 깨어 있어야 하며, 맡은 일에 온 힘을 다해 몰입하는 '편집광'이 돼야 한다고 강조합니다.

"소방서가 예상할 수 없는 화재에 맞서기 위해 강력하고 효과적인 팀을 구성하듯 리더는 늘 깨어 있으며 경계하고 대비하는 자세를 갖춰야 한다."

"리더는 흔히 가장 나중에 아는 사람이 되고 만다"는 그로브의 말처럼 상당수의 리더는 조직의 최전선으로부터 떨어져 있는 탓에 돌아가는 상황을 제때 파악하지 못하는 경우가 많습니다. 리더가 조직을 멸망의 구렁텅이로 몰아넣지 않으려면 변화의 바람에 스스로를 노출해야 합니다.

그로브는 "기존 고객들뿐만 아니라 과거에 집착하느라 놓쳐버릴 수 있는 고객들에게도 스스로를 열어둬야 한다. 경고 메시지를 전달하는 일선 직원들의 목소리에 귀를 기울여야 한다"며 그러기 위해서는 자신과 기업을 지속적으로 평가하고 비판하는 사람들의 얘기를 언제나 환영해야 한다고 말합니다.

"입장을 바꿔 그들에게 물어보라. 경쟁사, 업계 트렌드, 우리가 관심을 가져야 할 문제 등을 말이다. 변화 앞에 스스로를 적나라하게 노출할 때 사업 감각과 본능은 다시 빠르게 예리함을 되찾게 될 것이다."

앤드루 S. 그로브, 유정식 옮김, 《편집광만이 살아남는다》(부키, 2021)

경험이 항상 훌륭한 스승은 아니다

영국의 작가 조앤 롤링의 《해리포터》 1권 원고는 명성이 자자한 편집자와 출판사로부터 열두 번이나 매몰차게 거절당했습니다. 마지막에 계약한 출판사 역시 성공을 확신하지 못해 선금을 쥐꼬리만큼 지급하고는 500부만 인쇄했습니다. 희귀해진 초판본에 지금은 수천 달러의 가치가 붙었고, 롤링에게 퇴짜를 놨던 베테랑 편집자들과 출판사는 가슴을 치며 후회했습니다.

1990년대 후반, 세르게이 브린과 래리 페이지는 구글의 근간이 된 검색 방식을 개발한 대가로 기업 투자자와 인터넷 전문가들에게 160만 달러(약 17억 7,000만 원)를 제안했지만 모조리 거절당했습니다. 1970년대 후반, 사무기술 분야의 거대 기업이던 제록스의 연구원이 아이콘과 마우스를 갖춘 첫 개인용 컴퓨터를 개발했을 때도 경영진은 이를 인정해주지 않았습니다.

'경험의 함정'이 어떻게 유능한 이들을 잘못된 판단에 빠뜨리게 하는지를 보여주는 전형적인 사례들입니다. 특정 분야에 대한 경험이 많고 지식이 깊어질수록 시야와 접근 방법이 경직되고, 예상치 못한 기회를 알아보는 데 방해가 되는 경우가 적지 않습니다.

미국 시카고대학교의 의사결정학과 교수인 로빈 M. 호가스와 행동과학자 엠레 소이야르는 "경험이 우리 삶의 친구이자 스승이 아니라 사기꾼이자 적이 되는 사례가 너무 많다"고 말합니다.

이들이 '경험의 배신'에 주목하게 된 배경이 흥미롭습니다.

"우리 두 사람이 15년도 더 지난 과거에 처음 만났을 때는 사람들이 통찰력을 기르고 의사결정의 질을 높이는 데 경험이 어떤 도움을 주는지 연구하고자 했다."

그런데 연구를 지속할수록 오히려 반대의 경우가 눈에 띄기 시작했습니다.

"경험이 항상 훌륭한 스승이라는 인식은 근거 없는 신화에 가까웠다."

아이디어 하나로 기업의 운명이 뒤바뀌는 IT 사업처럼 변화가 빠른 분야일수록 경험에 갇히는 것은 매우 치명적이라는 견해입니다. 그들에 따르면 다른 분야도 다를 게 없습니다.

"혁신 그 자체가 과거와 미래의 차이를 불러오는 주요 동력이므로 획기적인 아이디어일수록 과거 경험을 갖고 성공 가능성을 판단해서는 안 된다"는 것입니다.

"경험은 '고정관념 제조기'로 전락할 수 있다. 경험의 틀 밖에서 생각할 줄 알아야 한다."

경험은 오랫동안 인류의 생존을 도와준 '든든한 아군'이었지만 더는 아닙니다.

"자신도 인식하지 못하는 사이에 경험에 속아 상황을 정확히 파악하지 못하고, 미래를 제대로 내다보지 못하는 오류를 저지를 수 있다."

그만큼 경험은 '넘어서기 어려운 존재'입니다. 사람들은 아이디어를 생각해내는 능력은 뛰어난 반면 그 아이디어를 판단하는 능력은 떨어지기 때문입니다.

호가스와 소이야르는 "의사결정의 주체로서 경험에서 얻는 교훈을 '결론'이 아니라 차차 검증해야 할 '가정'으로 취급해야 한다"며 다음과 같이 말합니다.

"이를 위해서는 경험을 통해 놓친 것은 무엇인지, 무시해야 할 것은 무엇인지에 대해 항상 의문을 제기하고 조정해야 한다."

로빈 M. 호가스, 엠레 소이야르, 정수영 옮김, 《경험의 함정》(사이, 2021)

|| 04 ||

'한 가지 최선의 비결'은 없다

데이비드 코트가 미국 제조업체 하니웰의 CEO로 취임한 2002년, 회사는 단기 성과주의에 빠져 침몰하고 있었습니다. 회계장부에는 눈속임 거래가 횡행했고, 유능한 직원들은 스톡옵션을 받고 나면 퇴사할 준비를 하고 있었습니다. 회사가 제시한 비전과 목표는 보여주기 식이었을 뿐 사회적 물의를 일으켜 거액을 물어내야 할 재판에 시달리고 있었습니다.

코트는 그런 회사를 우주·항공, 자동제어, 특수화학 등 다양한 분야를 선도하는 글로벌 대기업으로 탈바꿈시켰습니다. 2018년 그가 회사를 떠날 때 하니웰의 시가총액은 1,200억 달러로 취임 전 (200억 달러)보다 여섯 배 뛰었고, 이 회사 주식에 대한 투자수익률은 800퍼센트로 S&P 500 평균수익률의 2.5배에 달했습니다.

코트가 무슨 마법을 부렸기에 금세 망할 것 같던 하니웰이 초우량 회사로 탈바꿈한 걸까요? 코트는 그 비결로 '단기 성과와 장기적 성장의 양립'을 꼽았습니다.

"사람들은 미래에 대한 투자와 단기 성과를 동시에 추구할 수 없다고 생각하지만 그렇게 '보일' 뿐이다."

리더는 두 가지를 동시에 추구할 수 있고, 반드시 그래야 한다고 강조합니다.

"두 가지를 다 이뤄내지 못하면 리더와 팀(조직)은 영영 잠재력을 온전히 발휘하지 못할 것이다."

물론 '두 마리 토끼'를 잡으려면 구성원들이 기존의 한계를 넘어서도록 밀어붙여야 하는데, 그런 과정에서 맹렬한 저항을 피할 수는 없다고도 말합니다.

"조직에 혁신을 일으키려고 할 때 기존 구성원들은 벌떼처럼 들고 일어나거나 뒤에서 험담하며 개혁에 반대한다."

이런 난관을 이겨내려면 '선명한 원칙으로 꾸준히 변화를 요구해야 한다'고 코트는 강조합니다.

"리더의 원칙이 조금이라도 흔들리면 누군가 그 실수를 무기로 삼아 개혁을 무력화시키려고 할 것이다. 그렇기 때문에 리더는 혁신에 앞서 선명한 원칙을 먼저 준비해야 한다."

코트는 10가지 원칙을 세운 뒤 이것을 하니웰 임직원들과 공유하고 철저하게 실천해나갔습니다.

① 게으른 사고방식을 몰아낸다.

② 현재와 미래를 위한 계획을 동시에 세운다.

③ 해묵은 문제를 회피하지 않는다.

④ 지속적인 진화에 능숙해진다.

⑤ 고성과 조직문화를 구축한다.

⑥ 내부 리더 육성에 끊임없이 집중한다.

⑦ 성장에 충분히 투자한다.

⑧ 인수·합병에서는 가격이 전략임을 인식한다.

⑨ 불황에서도 장·단기 목표를 동시에 계획한다.

⑩ 후임 리더와 함께한다.

코트가 퇴임 후 강연을 하면서 가장 많이 받는 질문은 "하니웰을 극적으로 변화시킨 최선의 요인은 무엇인가?"입니다. 그때마다 그는 이렇게 답하곤 합니다.

"최선의 한 가지를 꼽는 것은 불가능합니다. 지적 엄정함의 사고방식만이 차이를 만들어내며, 사업에 대해서 치열하게 생각하지 않아도 될 쉬운 해답은 없습니다. 유일한 진짜 해답은 치열하게 생각하는 것입니다."

데이비드 코트, 이영래 옮김, 《항상 이기는 조직》(위즈덤하우스, 2021)

|| 05 ||

'성장형 정체성'이 필요한 이유

세상을 살아가면서 피할 수 없는 게 있다면 '피드백'입니다. 가족이나 동료가 내 말이나 행동에 대해 던지는 한마디, 내가 쓴 글이나 만든 제품에 쏟아지는 반응, 직장에서 받는 업무 평가 등이 모두 피드백에 해당됩니다. 자신의 현재 모습을 객관적으로 파악하고 성장하기를 원한다면 이런 피드백이 반드시 필요합니다. 그런데 대부분의 사람들은 피드백을 불쾌하게 여기거나 있는 그대로 받아들이는 데 어려움을 겪습니다.

하버드대학교 협상연구소의 더글러스 스톤 교수와 쉴라 힌 교수는 인간이 가진 '사각지대'가 피드백의 수용을 어렵게 한다고 말합니다.

"우리는 자신에 관한 몇 가지 사실을 제대로 보지 못할 뿐만 아니라 자신에게 어떤 문제가 있다는 사실도 깨닫지 못한다. 하지만 나를 제외한 모든 사람은 짜증날 정도로 명확하게 나의 사각지대를 훤히 꿰뚫고 있다."

두 교수는 사람들이 피드백을 있는 그대로 받아들이지 못하는 이유를 '세 가지 자극' 때문이라고 설명합니다.

① 피드백의 내용 자체가 틀렸거나 왜곡된 '진실 자극'.
② 피드백을 주는 사람, 상황, 장소, 방식 등이 불러일으키는 '관계 자극'.
③ 피드백을 받는 사람의 자존감에 영향을 미치는 '정체성 자극'.

문제는 어떤 경우이건 이런 피드백 자체를 피할 수 없다는 사실입니다. 세 가지의 자극을 제대로 파악하고 컨트롤함으로써 피드백을 온전한 '내 것'으로 만드는 게 중요합니다.

두 교수는 불편한 피드백에 상처를 덜 받고 오히려 보약으로 삼으려면 '성장형 정체성'을 갖춰야 한다며 다음과 같이 말합니다.

"자신을 '이러이러한 사람'으로 고정시키면 그 생각과 대치되는 피드백을 받았을 때 저항감을 느끼고 상처를 받는다. 그러나 계속 변화하고 성장해가는 정체성을 가진다면 상대의 생각을 좀 더 유연하게 받아들일 수 있다."

분명한 것은 사회적 활동을 하며 살아가는 한 피드백을 피할 길이 없다는 사실입니다. 미국에서만 매년 60만 개의 회사가 시장의 외면을 받아 문을 닫고, 연간 87만 건의 이혼 신청이 접수돼 25만 건의 이혼이 이뤄집니다.

　"인간은 자유롭게 태어났으나 어디서나 피드백이라는 사슬에 묶여 있다"는 두 교수의 말처럼 인간은 피드백에 있어서 언제나 자유로울 수 없습니다. 그렇다고 모든 피드백이 나쁘기만 한 건 아닙니다. 한 단계 능력을 키우는 짜릿함을 선사하고, 심장이 두근두근하며 밤잠을 설치게 하는 기분 좋은 피드백도 있습니다. 그러나 참고 견뎌야 하는 힘겨운 대상일 때가 더 많습니다. 피드백을 받아들이고 활용하는 마음가짐이 중요한 이유입니다. 스톤과 힌 교수의 말도 이런 사실을 뒷받침합니다.

　"똑같은 조언도 받아들이기에 따라 스트라이크 존 한가운데로 날아오는 커다란 소프트볼이 될 수도 있고, 자신의 몸을 향해 인정사정없이 파고드는 강속구가 될 수도 있다."

더글러스 스톤·쉴라 힌, 김현정 옮김, 《일의 99%는 피드백이다》(21세기북스, 2021)

06

틀릴 때보다 옳을 때가 더 많으면 된다

소프트웨어 기업인 오라클을 창업해 자산 규모를 세계 5위까지 키운 래리 엘리슨이 기업가로 변신한 계기는 단순했습니다. "당신은 한 번도 뭔가를 달성한 적이 없는 패자예요"라는 아내의 말을 듣고 '결코 패자가 되지 않겠다'고 다짐했습니다. 33세에 미디어그룹을 이끌며 자수성가한 독일의 율리엔 바크하우스는 책에서 '부자가 되는 방법은 배울 수 있다'는 구절을 읽고 부자가 되기로 결심했습니다.

독일의 언론인 라이너 지텔만은 세계 10대 부자에 오른 적이 있는 기업가들의 성공 비결을 탐구하고 공통점을 찾아냈습니다. '남이 안 하는 일을 과감하게 실행했다'는 것이 그가 찾은 첫 번째 공통점이었습니다.

"부자가 되지 못한 사람들은 그럴 수밖에 없었던 핑곗거리를 찾는다. 그러나 부자가 된 사람들은 일찍이 부자가 되기로 결심하고 부자가 될 수 있는 방법을 찾았다."

이들에게 부(富)는 '어쩌다 찾아온 행운이 아니라 스스로 선택한 것들이 쌓여서 이뤄진 결과물'이라는 것입니다.

"대부분의 부자들은 인생을 바꾸는 선택을 하기 전까지는 지극히 평범한 사람들이었다."

지텔만은 큰 부를 모은 사람들의 또 다른 공통점으로 '다른 사람들이 불가능하다고 생각한 것을 해낼 의지와 용기를 지녔다는 것'을 꼽았습니다. 구글을 창업한 래리 페이지는 "남들이 절대 하지 않을 일을 시도해야 한다"는 말을 했고, 버크셔 해서웨이의 워런 버핏은 "기회는 반드시 찾아온다. 그러나 그 기회를 선택하는 것은 오직 자신의 몫이다"라고 강조합니다.

부자들의 또 한 가지 공통점은 '대부분 독서광이라는 것'입니다. 버핏은 "열 살이 될 때까지 고향인 오마하 공공도서관에서 제목에 '금융'이라는 단어가 들어간 책을 모조리 읽었다"고 술회했습니다. 부자들은 이렇게 책에서 접한 선배 부자들의 충고를 행동으로 옮겼습니다. 월마트를 창업한 샘 월턴은 "내가 시도한 대부분의 일들은 다른 사람이 한 일을 모방한 것"이라고 했습니다.

'성공이 보장되는 것을 시도하지 않는다는 것'도 지텔만이 찾은 부자들의 공통점입니다. 버핏은 해마다 잘못 판단한 투자에 대해주주들에게 보고서를 내놓습니다. "항상 옳은 선택을 할 수는 없지만 틀릴 때보다 옳을 때가 더 많기만 하면 된다"는 것이 그의 신조입니다.

지텔만이 찾아낸 '성공한 부자들의 공통점 17가지'를 정리하면 다음과 같습니다.

① 목표: 부를 기획한다.

② 신뢰: 투자가치를 증명한다.

③ 문제: 기회로 전환한다.

④ 집중: 100퍼센트 몰입의 힘을 발휘한다.

⑤ 차별화: 남들과 다르게 생각한다.

⑥ 소신: 흔들리지 않는 확신으로 밀고 나간다.

⑦ 가능성: '안 돼'를 거부한다.

⑧ 자기 암시: 나는 할 수 있다고 믿는다.

⑨ 끈기: 부를 거머쥘 때까지 버틴다.

⑩ 불만족: 성공의 원동력으로 삼는다.

⑪ 아이디어: 결정적인 성공의 비결이다.

⑫ 마케팅: 자신을 포장한다.

⑬ 열정: 욕망하되 절제한다.

⑭ 능률: 두 배 더 많이 버는 법을 실행한다.

⑮ 속도: 빨라야 살아남는다.

⑯ 부의 수단: 돈을 사랑한다.

⑰ 균형: 지속적인 부를 위하여 필요하다.

마지막 키워드인 '균형'은 '오래 성공하려면 가끔 휴식을 취해야 한다'는 의미입니다. 즉 나 없이도 돌아가는 시스템을 만드는 것이 중요합니다.

라이너 지텔만, 서정아 옮김, 《부의 선택》(위북, 2020)

07

시간이 돈이다

전기자동차 기업인 테슬라의 일론 머스크는 '오지랖이 무척 넓은 사업가'로 유명합니다. 테슬라 외에 민간 항공우주 기업인 스페이스X, 태양광에너지 기업 솔라시티의 CEO도 맡고 있습니다. 그뿐만이 아닙니다. 인공지능 비영리단체인 오픈 AI와 생명공학 스타트업 뉴럴링크, 차량용 지하터널 굴착 회사인 보링컴퍼니도 설립했습니다. 이 모든 사업을 다 챙기면서도 저녁에는 가족들과 시간을 보내고, 주 2회 이상 운동을 하며, 독서광으로 불릴 만큼 많은 책을 읽습니다. 잠도 하루에 8시간씩 푹 잡니다.

남들과 똑같이 하루 24시간을 살고, 잠까지 충분히 자면서 어떻게 이 많은 일들을 해낼 수 있을까요? 경영관리 컨설턴트인 무란은 그 비결이 "그의 시간 관리에 있다"고 말합니다. 머스크는 모든 시간을 5분 단위로 나눠서 관리합니다.

"일주일의 168시간 중 40시간 일하고, 7시간 운동하며, 56시간 잠을 자면 65시간이나 남는다."

무란에 의하면 머스크의 철저한 시간 관리 습관은 와튼 스쿨(미국 펜실베이니아대학교 경영대학원)에서 익힌 것입니다. 와튼 스쿨에서는 '시간은 돈'이라는 절대 원칙 아래 시간을 경영 대상으로 보고 모든 일을 '비용'으로 처리해야 한다고 가르칩니다.

"버크셔 해서웨이의 워런 버핏, '월가의 전설' 피터 린치, 구글의 CEO 순다르 피차이 등 와튼 스쿨 출신들의 공통점은 시간을 철저하게 관리한다는 것이다."

와튼 스쿨에서는 조각난 시간까지도 계획을 세워 최대한 활용하라고 강조합니다.

"스마트폰이나 태블릿 PC에 자투리 시간에 할 만한 일들을 미리 기록해놓는다. 별로 중요하지 않지만 해야 하는 전화, 쇼핑 목록, 검색할 정보 등을 적는다."

5분, 10분, 15분 안에 끝낼 수 있는 일을 분류해서 기록하라는 것입니다. 머스크는 갑자기 생긴 자투리 시간에 책을 읽습니다.

"액정 화면을 발명한 독일의 물리학자 오토 레만은 항상 작은 메모장을 가지고 다니면서 조각난 시간에 처리할 일들을 적는 습관이 있었다. 액정의 원리도 이 조각난 시간에 떠오른 아이디어들을 정리하고 결합하여 완성한 것이었다."

무란은 시간을 계량화해서 과학적으로 따져 보면 우리가 얼마나 많은 시간을 비효율적으로 사용했으며, 시간의 효과를 제대로 누리지 못한 채 살아왔는지가 눈에 들어온다고 말합니다.

"1달러를 아끼려고 30분 동안 줄을 선다든지, 택시비가 아까워서 세 정거장을 걸어가는 일은 때에 따라 귀중한 시간을 버린 어리석은 선택이 될 수도 있다."

무란은 휴식도 '투자'의 관점으로 봐야 한다고 강조합니다.

"많은 사람들이 자신의 능력을 넘어서는 일을 요구받을 때 수면과 휴식 시간을 줄인다. 계속 그렇게 하면 기진맥진한 상태가 되고 과부하가 발생한다. 전형적인 저효율·저효과의 시간 관리다."

무엇보다도 시간의 특성을 잘 이해해야 합니다. 무란은 "시간은 액체처럼 끊임없이 흐른다. 이 세상의 모든 부는 그에 상응하는 시간의 결과물이다. 시간에 무지한 이는 부든 시간이든 벼락부자처럼 얻을 수 있다는 착각에 빠져 현실과 동떨어진 생각을 하고 그런 방법만 찾아다닌다"며 그렇게 시간을 낭비한 사람들에게는 알베르트 아인슈타인이 "원자폭탄보다 무섭다"고 표현한 '시간의 보복'이 가해진다고 말합니다. 이를 방증하는 듯한 워런 버핏의 말은 우리에게 '시간이 결국 돈'이라는 사실을 다시금 깨닫게 합니다.

"가난한 자는 돈에 투자하지만 부자는 시간에 투자한다."

무란, 송은진 옮김, 《당신의 1분은 얼마인가》(와이즈맵, 2021)

08

원하는 것을 얻고 있는가

중고 거래를 할 때 판매자는 '얼마를 받을까' 고민하고, 구매자는 '얼마에 살 수 있을까'를 가장 중요하게 여깁니다. 중고 시장에는 '적정 가격'이라는 것이 없습니다. 어떤 협상에서든 자신의 하한선은 꼭꼭 숨기고 상대방의 상한선을 알아내는 게 중요합니다. 억만장자들은 매번 원하는 결과를 얻지만 아마추어들은 손해를 보기 일쑤입니다.

영국의 협상 전문가 개빈 케네디는 그 이유에 대해 '협상의 귀재는 교환할 뿐 양보하지 않기 때문'이라며 다음과 같이 말합니다.

"우리는 모두 어릴 적 단호하게 채소를 먹기 싫다고 고집을 부려 아이스크림을 얻어내는 협상가였다. 아이스크림(원하는 것)과 채소(상대의 요구) 사이의 균형만 잘 맞춘다면 누구든 협상의 기술을 단련할 수 있다."

중고 상품을 거래할 때 판매자가 선의의 양보를 해서 가격을 할인해준다면 상대방은 어떤 반응을 보일까요? 케네디는 "절대 만족해하지 않고, 오히려 더 기대하게 된다. 이것이 '선의의 양보'가 안고 있는 치명적 오류다. 무르게 행동하고 일방적으로 양보만 하면 돌아오는 것은 상대방의 '더 많은 요구'다"라고 말합니다.

세상을 살아가는 사람들에게 협상은 일상적인 일입니다. 중고 거래부터 부동산 계약, 비즈니스 협상, 연봉 협상, 심지어 육아에 이르기까지 모든 일이 협상으로 시작해 협상으로 끝이 납니다.

"협상 능력이 필요 없는 사람은 없다."

협상에서는 단호함과 함께 균형 감각을 갖추는 것이 중요합니다. 자기 관심사만 앞세워서는 상대방의 흥미를 자극할 수 없습니다. 직장에서 연봉 인상을 요구하는 경우라면 회사가 연봉을 올려줄 경우 회사 측이 얻을 수 있는 것이 무엇인지를 반드시 이야기해야 합니다. '상대는 당신의 제안으로 무엇을 얻을 수 있는가?'를 늘 생각해야 하는 것입니다.

케네디에 따르면 협상을 할 때 가장 신중하게 검토해야 할 것은 첫 번째 제안입니다.

"상대방의 첫 제안을 수락하는 것은 최악의 상황이다. 흥정을 통해 추가 제안을 들어볼 수도 없고, 제시할 수도 없기 때문이다."

아마추어 협상가들은 ① 자신의 패를 쉽게 보여주고 ② 일관성

없이 상대에게 맞춰주며 ③ 첫 제안을 바로 수락하고 ④ 불평불만을 쉽게 이야기합니다. 또한 ⑤ "얼마를 드리면 될까요?"라고 물으며 ⑥ 가만히 앉아 속을 끓이고 ⑦ 금액에만 집착합니다.

그러나 억만장자들은 다릅니다. ① 먼저 서로의 목표가 얼마나 다른지 파악하고 ② 양보하지 않고 단호한 태도를 유지하며 ③ 첫 제안에서 상대를 당황시키고는 ④ 해결 방안도 함께 제시합니다. 또한 ⑤ 내 예산에 맞춰 상대를 움직이고 ⑥ 기록하고 또 기록하며 ⑦ 금액 외에 바꿀 수 있는 조건들에 대해 생각합니다.

케네디는 협상의 목적은 '승리'가 아닌 '성공'이어야 한다고 강조합니다.

"협상은 상대를 무너뜨리는 게 아니라 쌍방의 이익을 극대화하는 것이다. 승리에만 집착하면 가능성 있는 거래도 놓치게 된다."

협상에 성공했다면 당신과 상대가 합의 하에 거래를 성사시켰다는 의미이기에 패배자는 존재하지 않습니다. 케네디는 협상에 대해 다음과 같이 정의합니다.

"협상은 내가 가진 것과 상대가 원하는 것을 맞바꿔 자신의 목적을 달성하는 과정이다."

개빈 케네디, 박단비 옮김, 《협상 가능》(위즈덤하우스, 2021)

‖ 09 ‖

잠들어 있는 '길 찾기 본능'을 깨워라

35만 년 전 호모사피엔스가 아프리카를 떠나 지구 곳곳으로 퍼지기 시작했을 무렵, 유럽과 아시아에는 이미 네안데르탈인과 데니소바인이 살고 있었습니다. 호모사피엔스가 최후의 승자가 된 것은 '탐험 욕구'와 '길 찾기 본능' 덕분입니다. '먹을 것'과 '안전하게 잘 곳'이 가장 중요한 생존 과제이던 시절에 자원의 위치와 포식자 동향을 알아내는 데 있어서 탐험과 길 찾기 능력이 결정적인 역할을 했습니다.

과학 잡지 《뉴사이언스》의 수석 에디터를 지낸 영국의 작가 마이클 본드는 호모사피엔스의 이런 욕구와 본능이 발전하면서 인류 문화를 꽃 피우게 했다고 다음과 같이 설명합니다.

"우리 조상들이 식량 위치를 알아내고 적을 파악하면서 발달시킨 길 찾기 능력은 인류가 세상을 이해하고, 타인과 소통하고 협력하며, 미지의 세계를 탐험할 수 있도록 해주었다."

인간에게 이런 '길 찾기 본능'이 얼마나 강력한 유전자로 남아 있는지는 우리의 언어 습관에서도 드러납니다. 위치 세포를 발견해 2014년 노벨 생리의학상을 수상한 존 오키프는 거의 모든 전치사(~위에, ~앞에, ~아래, ~너머 등)들이 장소와 사물 사이의 공간적 관계를 표현한다는 사실을 지적하며, 인간의 언어체계가 공간적인 뼈대 위에 구축됐을 가능성을 제기했습니다. 우리가 다른 사람과의 사회적 관계를 표현할 때 '가까운 친구' '사이가 멀어지다' 같은 공간적 표현을 쓰는 것도 마찬가지입니다.

그런 인간이 도시화와 인공위성의 기술 발달 등으로 '길을 찾으며 새로운 것을 탐색하는 능력'을 잃어가고 있습니다.

본드에 따르면 "영국 셰필드대학교 연구팀이 1960년대, 1980년대, 2000년대에 각각 열 살 즈음의 나이로 아동 시기를 보낸 할머니, 딸, 손녀를 인터뷰한 결과 할머니는 3~4km, 딸은 500m, 손녀는 100m 정도의 행동반경을 보였다"며 3세대 만에 행동반경이 30분의 1로 감소했다고 밝혔습니다.

길을 찾는 행위는 본질적으로 사회적 활동입니다. 본드는 "지도를 이용하든 표지판을 참고하든 길을 찾는 것은 타인의 지식에 의존하는 것이며, 누군가에게 길을 묻는 것은 그곳의 문화에 다가가는 훌륭한 방법"이라고 말합니다. 그러나 "우리가 지도 앱이나 내

비게이션에 의존해 길을 찾아 간다면 이런 상호 교류의 기회를 더 이상 얻을 수 없다"며 다음과 같은 맹점을 지적합니다.

"GPS는 목적지까지 가는 직선 경로를 알려주지만 땅에 무엇이 있는지는 알려 주지 않는다. 주의하지 않으면 절벽이나 습지를 향해 자신 있게 한 걸음을 내딛고 말 것이다."

현대인들이 GPS에만 의존하며 자신의 힘으로는 길을 찾으려고 하지 않는 현실이 위험한 이유입니다.

우리 안의 길 찾기 능력과 본능을 깨우는 일은 어렵지 않습니다. '나는 어디에 있는가?' '나는 어느 곳에 속할까?' '나는 어디로 가는가?' '어떻게 하면 거기에 갈 수 있을까?' 존재와 생존에 관한 이런 원초적 질문들을 스스로에게 던져야 합니다.

"어렵고 복잡한 일들을 기술에 맡긴 뒤에도 놓지 말아야 할 것이 있다. 길을 찾는 것은 단순한 행위가 아닌 뇌와 굉장히 관련이 깊은 행동이다."

길 찾기 능력을 뇌과학 측면에서 의미 있게 탐구한 본드의 메시지는 현대인들에게 호모사피엔스의 타고난 탐험가의 눈으로 다시 세상을 바라보게 합니다.

마이클 본드, 홍경탁 옮김, 《길 잃은 사피엔스를 위한 뇌과학》(어크로스, 2020)

10

'운 좋은 사람'과 '불운한 사람'의 차이

프랑스의 낭만주의 화가 외젠 들라크루아가 그린 〈알제의 여인들 (1834년)〉은 출품되자마자 엄청난 화제를 모았습니다. 서양 남자가 이슬람 여성의 주거 공간인 하렘을 찾아가 현지 여성을 스케치하여 그린 최초의 서양화였기 때문입니다. 고증에 바탕을 둔 사실성에 낭만적 환상을 더한 이 작품은 빈센트 반 고흐, 폴 고갱, 파블로 피카소 등 후대 화가들에게도 큰 영향을 끼쳤습니다.

이명옥 사비나 미술관장은 들라크루아가 이런 걸작을 그린 것은 '우연을 내 것으로 만드는 전략에 충실했던 덕분'이라고 말합니다.

"들라크루아는 낭만주의의 핵심인 인간의 원초적 본능과 정열, 환상과 상상력을 그림에 표현하겠다는 꿈을 가졌다."

그 꿈을 이루기 위해 열심히 기회를 찾아다녔고, 그 덕분에 '우연한 행운'과 만나게 됐다는 것입니다.

들라크루아의 이런 성취는 영국의 심리학자 리처드 와이즈먼의 '발견'을 뒷받침해줍니다. 와이즈먼은 운 좋은 사람과 운 없는 각계각층의 사람들을 대상으로 8년간 인터뷰와 실험을 진행한 끝에 놀라운 결론을 얻었습니다. 그는 "우연과 행운은 개인의 사고방식과 태도가 만들어낸 결과물로, 행운의 원리를 이해하고 실생활에서 활용한다면 행운의 여신을 내 편으로 만드는 일이 얼마든지 가능하다"고 말합니다.

와이즈먼은 자신의 저서 《행운의 법칙》을 통해서도 '행운은 거저 하늘에서 떨어지는 게 아니라 성취하는 것'임을 여러 사례를 통해 일깨워줍니다.

"운이 좋은 사람들은 운이 없는 사람들에 비해 다양한 방식으로 우연한 기회를 만들고 포착해 행동으로 옮긴다. 운이 없는 사람들에게 불운이 거듭되는 이유를 짐작할 수 있다. 시험을 보지 않으면 당연히 떨어질 수밖에 없다. 시도하는 자에게 기회가 주어진다."

'행운은 우리의 마음가짐과 사고방식, 태도에 의해 만들어진다'고 주장한 와이즈먼은 '행운의 법칙' 네 가지를 다음과 같이 소개합니다.

① 기회를 잡아라: '행운 네트워크'를 구축해서 유지하고, 느긋한 태도로 인생을 대하며, 새로운 경험을 즐겨라.

② 직감에 귀를 기울여라: 명상 등을 통해 직감을 기르는 노력을 하고, 직감과 예감으로 판단하라.

③ 행운을 꿈꿔라: 기대감은 꿈과 소망을 현실로 만든다. 끊임없이 도전하고 실패에 좌절하지 않으며, 사람들과의 만남이 행운을 가져다준다고 믿어라.

④ 불운도 행운으로 바꿔라: 불운의 긍정적인 측면에 주목하고, 불운이 이어지지 않도록 대비하라.

운이 없는 사람들은 '암울한 미래'를 예상하고는 자신의 힘으로 어쩔 도리가 없다고 생각하는 반면, 운이 좋은 사람들은 '멋진 미래'를 기대하며 근사한 일들이 기다리고 있다고 생각합니다. 와이즈먼은 말합니다.

"기대치는 자기암시성 예언으로 발전하고, 자기암시성 예언은 우리의 사생활과 사회생활에 영향을 미친다. 운이 좋은 사람들은 우연히 꿈을 이루는 게 아니고, 운이 없는 사람들은 원하는 것을 가질 수 없는 운명으로 태어난 게 아니다. 미래에 대한 기대치가 그런 식의 미래를 만드는 것이다."

리처드 와이즈먼, 이은선 옮김, 《행운의 법칙》(시공사, 2003)

11

'운 나쁜 패'로 이기는 방법

하버드대학교를 졸업하고 컬럼비아대학교에서 박사 학위를 받은 심리학자에게 직업이 하나 더 생겼습니다. 프로 포커 선수입니다. 그냥 선수가 아니라 세계 최고 대회에서 우승하고, 2년간 벌어들인 상금이 무려 30만 달러에 이릅니다. 주인공 마리아 코니코바는 프로로 입문하기 전까지 카드 한 벌이 몇 장인지도 몰랐고, 포커를 배운 기간도 길지 않았습니다. 철저하게 문외한이었던 사람이 어떻게 세계 최고의 포커 선수가 될 수 있었을까요?

더 놀라운 것은 그가 포커에 입문한 지 1년 만에 쟁쟁한 선수들을 제치고 세계 챔피언에 올랐다는 사실입니다. 코니코바가 밝히는 비결은 간단합니다. '합리적 판단이 이긴다'는 것입니다. 그가 포커판에 뛰어든 것은 '포커의 세계를 자신이 통제할 수 있는 것과 없는 것을 구분하고 운과 확률, 전략과 심리의 상관관계를 확실하게 보여주는 곳'으로 봤기 때문입니다.

"도박에서 돈을 따는 것은 가장 복잡한 확률 분포의 미로를 헤매는 것이다. 최악의 패로도 이길 수 있고, 최고의 패로도 질 수 있다. 실제 최고의 패로 이기는 경우는 평균 12퍼센트에 불과하다."

코니코바는 '포커는 삶의 축소판'이라고 말합니다.

"포커판에 참여한 플레이어는 모두가 공평하게 마지막 순간까지 진실의 일면만 볼 수 있을 뿐이다. 모두에게 개방된 일부 카드와 자기 손에 쥐고 있는 패만 볼 수 있다."

플레이어들은 자신의 패가 얼마나 강한지, 다른 사람이 어떤 패를 가지고 있다고 생각하는지에 따라 베팅합니다.

"불확실한 정보를 바탕으로 상대의 베팅 패턴에서 유추하는 진실에는 한계가 있는 것이 당연하다. 포커를 칠 때는 카드를 보는 게 아니라 상대를 보고 플레이해야 한다."

인생에서처럼 포커판에서도 '본능'과 '경험'은 눈을 가리는 덫이 될 수 있습니다. 코니코바는 "대개의 경험은 왜곡된 탓에 올바른 판단을 내리는 데 큰 도움이 되지 않는다. 경험 대다수는 대부분 현재 상황과는 무관하다"고 말합니다. 데이터가 아니라 육감이나 직관, 옳을 것 같은 느낌에 따라 내린 결정이 실패의 지름길이 된다는 것입니다.

"사람들은 그런 사실을 잘 알면서도 0.034초 만에 상대방의 얼굴형이나 표정 같은 첫인상에 좌우되며 애써 마련한 전략을 바꾸곤 한다."

코니코바는 사람들이 기술을 과소평가하는 것은 사업이나, 투자나, 도박판이나 매한가지라며 많은 사람이 포커판에서 좋은 패를 쥐고도 돈을 날리는 까닭은 인생에서 낭패를 겪는 이유와 같다고 말합니다.

"모두가 듣고 싶은 메시지만 듣고, 환경의 지배자가 되고 싶어 하면서도 자신을 둘러싼 환경을 잘 알지 못한다. 그렇게 수많은 이들이 자연스럽게 고수들의 먹잇감이 돼 간다."

고수들이 주목하는 포커의 핵심은 '정확성'입니다.

"우연과 운의 산물 같아 보여도 포커는 논리적이고 합리적으로 판단한 자에게 보상을 내린다. 일확천금은 발 디딜 틈이 없다."

그는 우리가 언제 진정한 통제력을 획득할 수 있는지, 어떻게 운에 대처할 수 있는지, 어떻게 인생에서 최고의 결정을 내리는지도 포커를 통해 배울 수 있다고 말합니다.

"살다 보면 나쁜 카드가 들어오기 마련이지만 결과가 아니라 플레이에 집중하면 행운이 길을 열어줄 때까지 숱한 어려움을 계속 헤쳐 나갈 수 있을 것이다."

마리아 코니코바, 김태훈 옮김, 《블러프》(한국경제신문, 2021)

12

그냥 꾸는 개꿈은 없다

영국의 BBC 방송이 '20세기 최고의 명곡'으로 선정한 비틀스의 '예스터데이(Yesterday)'가 탄생한 곳은 다름 아닌 '꿈속'입니다. 리더인 폴 매카트니가 1964년 런던에 있는 친구 집에서 잠을 자다가 꿈속에서 이 노래의 멜로디를 들은 것입니다. 그는 잠에서 깨어나자마자 피아노로 달려갔고, 꿈에서 들은 멜로디를 연주하며 악보에 담았습니다. 표절이 아닐까 하는 걱정이 들어 한 달 넘게 음악 전문가들을 찾아다니며 확인 과정을 거쳤습니다. 자신의 창작임을 확신한 뒤 가사를 써서 완성한 노래가 '예스터데이'입니다.

이명옥 사비나 미술관장은 영국의 화가 헨리 푸셀리가 명화 〈악몽(1782년)〉을 그리게 된 것도 꿈에 나타났기 때문이라고 설명합니다. 연인에게 실연당한 뒤 상대에 대한 복수심이 '잠자는 미녀 위를 악마가 올라탄 꿈'으로 나타났고, 그 장면을 캔버스 위에 그렸다는 것입니다.

"미술 사상 최초로 악몽을 표현한 그림에 대한 관객의 반응은 폭발적이었다. 런던 인구가 75만 명이었던 당시 5만 5,000명이 넘는 관람객을 끌어들였을 만큼 흥행 진기록을 남겼다."

잠든 사이에 꾼 꿈이 푸셀리와 매카트니에게 엄청난 성공을 안겨준 것입니다.

독일의 소설가 프란츠 카프카의 소설 《변신》도 '꿈이 선물해준 위대한 작품'으로 꼽습니다.

"꿈꾸는 동안 우리의 능력이 확장되고 뇌가 변화한다. 꿈은 우리가 누구인지 또 어떤 가능성이 있는 존재인지 보여준다."

《어젯밤 꿈이 나에게 말해주는 것들》이란 책을 쓴 독일의 과학 칼럼니스트 슈테판 클라인이 한 말입니다.

클라인은 꿈의 힘을 제대로 알고 활용하면 우리의 인생까지 바꿀 수 있다고 강조합니다.

"누구나 매일 밤 꿈을 꾼다. 그 꿈들 중에 엉뚱하고 무의미한 그냥 꾸는 개꿈은 없다."

우리가 잠들어도 우리의 뇌는 잠들지 않으며, 꿈꾸는 사람의 뇌는 깨어 있을 때보다 더 열심히 움직이면서 꿈을 통해 유의미한 체험을 하기 때문입니다.

우리가 꿈에서 만나는 세상은 변화무쌍합니다. 감정의 폭풍과

터무니없이 비이성적인 장면을 체험하고, 공포와 공격성으로 가득 찬 상황 속에서 허우적거리기도 합니다.

클라인은 이런 꿈에 대해 다음과 같이 말합니다.

"우리의 개인적 정체성이 통념만큼 탄탄하지 않음을 깨닫는 것은 당황스런 체험일 수도 있다. 하지만 해방의 체험이기도 하다."

'나는 왜 이런 꿈을 꾸는 걸까?' '꿈은 나에 대해 무엇을 알려줄까?'를 스스로에게 묻다 보면 다양한 자신의 모든 감정과 제대로 마주하고, 자기가 어떤 사람인지에 대한 그림이 더욱 명확해진다고도 말합니다. 그는 꿈의 메시지에 주목할 것을 당부합니다.

"인생의 진정한 주인이 되고 싶다면 어젯밤 꿈을 기록하고, 기억하며, 스스로를 되돌아보라. 주어진 꿈을 그대로 받아들이지 않고 자신이 원하는 새로운 꿈을 만들어가다 보면 깨어 있는 낮의 현실에서도 자신의 인생을 원하는 방향으로 이끌 수 있다."

슈테판 클라인, 전대호 옮김, 《어젯밤 꿈이 나에게 말해주는 것들》(웅진지식하우스, 2016)

13

왜 우리 손으로 괴물을 뽑는가

'인간은 왜 계속해서 편을 가르는가?'

사람들이 모여 사는 곳이라면 언제나 끊임없이 제기되는 의문입니다. 비단 선거철에만 그런 것은 아닙니다.

미국의 연구팀이 두 대학교의 미식축구 경기 영상을 가지고 한 가지 실험을 했습니다. 영상을 본 두 학교의 학생들은 똑같은 화면을 보고도 자신의 학교 팀에 유리하게 반칙 수를 셌습니다. '우리편 편향(Myside Bias: 진실을 외면한 채 자기 편만을 우호적으로 해석하는 편향)'이 작동한 것입니다.

캐나다의 심리학자 키스 스타노비치는 인간 사회의 고질인 '우리편 편향'이 심각한 사회적 왜곡과 실패를 낳는다고 경고합니다.

"대개 열린 생각, 합리적 사고를 하는 사람은 편향이 덜한데 우리편 편향은 다르다."

소위 '가방 끈'이 긴 고도로 지적인 사람조차 편 가르기 함정을 피하지 못한다는 것입니다.

스타노비치는 이런 편향을 줄이기 위해서는 "자신의 신념을 꾸준히 의심해야 한다"고 말합니다. 의식적으로 관점을 바꿔서 생각해보는 연습을 권하기도 하는데 아이스크림과 브로콜리에 비유한 그의 설명은 매우 그럴듯합니다.

"우리편 편향은 달콤한 아이스크림과 같다. 하지만 아이스크림만 먹으면 건강을 해친다. 일부러 브로콜리를 먹듯 편향을 줄이기 위한 인지적 노력을 기울여야 한다."

미국의 정치 컨설턴트인 브라이언 클라스는 '지도자 선택 오류'를 지적합니다. 사람들이 지도자를 선택할 때 비이성적인 요소가 개입한다는 것입니다.

"인간은 수렵·채집 생활을 하던 석기 시대 때의 뇌 영향으로 더 크고 힘센 사람을 선호한다. 또 소규모 공동체 생활의 잔재 탓에 자신과 닮은 사람에게 우선순위를 둔다."

능력이 떨어지지만 자신과 같은 대학 출신인 사람과 유능하지만 다른 대학 출신인 사람을 제시하면 대부분 전자를 선택한다는 것입니다.

더 큰 문제는 특정 유형의 사람들이 권력을 탐하고 권력을 손에 넣으려고 애쓰며, 권좌에 오른 뒤에는 월권과 부패를 일삼는다는 사실입니다. 클라스는 말합니다.

"모든 사람이 권력을 추구하지는 않는다. 부패하기 쉬운 사람들이 더 권력을 원하며, 권력을 획득하는 데도 더 능하다."

이중에서도 최악은 '어둠의 3요소(마키아벨리즘, 나르시시즘, 사이코패스 성향)' 신호를 드러내는 사람들이라고 클라스는 경고합니다.

"이들은 채용 면접에서 자신 있고 세련된 태도를 보이고, 모든 질문에 능숙하게 대답한다. 이야기를 지어내고 과장하기도 한다. 긴장을 잘하고 소심한 이들보다 훨씬 유리하다."

권력자들이 자제력을 잃는 경향이 있다는 것도 큰 문제라고 말합니다.

"자신이 강력한 사람이라는 기분이 들수록 타인이 자신을 어떻게 생각하는지에 대해 신경을 덜 쓴다."

타인과 공감해야 할 필요성을 덜 느끼기 때문입니다.

"이들은 규칙이 자신에게는 적용되지 않는 듯한 기분을 느끼기 시작한다. 또한 권력이 커질수록 위험을 감수하게 된다. 지난날 승리한 경험이 있는데다 더 많이 잃더라도 이를 감당할 수 있기 때문이다."

이런 사태를 막으려면 치밀하고 철저한 제도 보완이 필요합니다. 클라스는 무작위로 뽑힌 사람들로 감독기구를 만들어 권력을 견제하는 방법을 제시합니다. 그는 "집중적인 노력과 적절한 개혁으로 무게 추를 떠밀어야 권력을 추구하고 남용하고 부패하는 사람들을 밀어내고, 그 자리에 다른 이들을 초대할 수 있다"며 권력자들이 항상 감시받고 있다는 느낌이 들도록 감시 시스템을 만들어야 한다고 주장합니다.

키스 스타노비치, 김홍옥 옮김, 《우리편 편향》(바다출판사, 2022)
브라이언 클라스, 서종민 옮김, 《권력의 심리학》(웅진지식하우스, 2022)

14

정리는 치유다

‖

"나는 한 순간의 만족을 위해 사들인 '너무 오래 존재하는 것들'과 결별해야겠다고 결심했다. 어차피 모든 것을 간직할 수는 없는 일이 아니냐."

김영하 작가가 2020년에 출간한 산문집《오래 준비해온 대답》에 나오는 구절입니다.

코로나 사태 장기화로 집에 머무는 시간이 길어진 요즘 집안 정리의 필요성이 더욱 커졌습니다. 공간을 정리하는 방법을 소개하는 TV 프로그램이 큰 인기를 모을 정도로 정리에 대한 사람들의 관심도 높아졌습니다. '정리 컨설턴트'를 넘어 '공간 크리에이터'로 주목받고 있는 우리집공간컨설팅의 이지영 대표는 정리에서 가장 중요한 것은 '비우기'라고 말합니다.

"물건을 비우면 공간이 보이고, 공간이 보이면 비로소 사람이 보인다."

이 대표는 자살을 결심할 정도로 중증의 우울증을 앓고 있던 사람이 정리를 통해 치유받은 경우도 있다며 그 일화를 다음과 같이 소개했습니다.

"그는 순간적으로 아파트에서 뛰어내리려다가 어수선한 집을 다른 사람들에게 보여주면 안 되겠다는 생각에 정리를 의뢰했다고 말했다. 나와 직원들은 그 집에 사흘간 머물며 정리를 통해 집을 180도 바꿔놓았고, 기적 같은 일이 일어났다. 물건들을 하나하나 어루만지면서 떠나보내고, 과거에 좋아했던 것들을 다시 꺼내어 새롭게 제자리를 찾아주었더니 그의 마음에 큰 변화가 생긴 것이다. 정리 작업을 하던 마지막 날, 그는 자살을 결심했었던 사실을 우리에게 털어놓고 다시 살아갈 용기를 얻었다며 눈물을 흘렸다."

정리 컨설턴트들이 공통적으로 말하는 정리의 시작은 집안 물건을 모조리 꺼내어 한 곳에 모으는 일입니다. 꺼낸 물건들을 버릴 것과 간직할 것으로 분류한 뒤 재배치하는 것입니다. 버릴 것들을 어떤 기준으로 정하는지도 중요합니다. 세계적으로 '정리 열풍'을 일으킨 일본의 정리 컨설턴트 곤도 마리에는 설레지 않는 물건은 과감히 버리라고 말합니다.

"물건에 직접 손을 얹고 자신의 '마음'을 확인한 뒤 설레는 물건만 남겨라."

정리 컨설턴트 정희숙 씨가 제안하는 정리의 척도는 '시간'입니다. 현재 입지 않는 옷, 쓰지 않는 그릇, 읽지 않는 책들을 과거로 보내주라는 것입니다.

"과거를 기억하고 있는 물건은 과거로 보내주고, 사용할 수 있는 물건에 현재라는 시간을 입히면 과거와 미래에 집착하지 않고 온전히 지금 이 순간의 삶에 몰입할 수 있게 된다."

정리에 있어 전문가들이 강조하는 게 또 있습니다. 정리 강박증에 빠져 '정리를 위한 정리'를 해서는 곤란하다는 것입니다.

"같은 물건이 열 개 있다고 칩시다. 다 꺼내놓았는데 아무리 봐도 버리고 싶은 게 하나도 없다면 그냥 다 보관하세요. 모두 다 나에게 소중한 것들이니까요."

이들의 이야기를 소개한 〈한국경제〉의 전설리 기자는 "정리를 하다보면 정리의 가장 큰 효용은 '치유'라는 것을 깨닫게 된다"고 말합니다. "물건이든 마음이든 무질서한 삶의 기록들을 지우고 비워내면 그 빈 공간을 미래로 나아갈 새로운 에너지로 채울 수 있게 된다"는 것입니다.

이지영, 《당신의 인생을 정리해드립니다》(쌤앤파커스, 2020)
곤도 마리에, 홍성민 옮김, 《설레지 않으면 버려라》(더난출판사, 2016)
정희숙, 《최고의 인테리어는 정리입니다》(가나출판사, 2020)

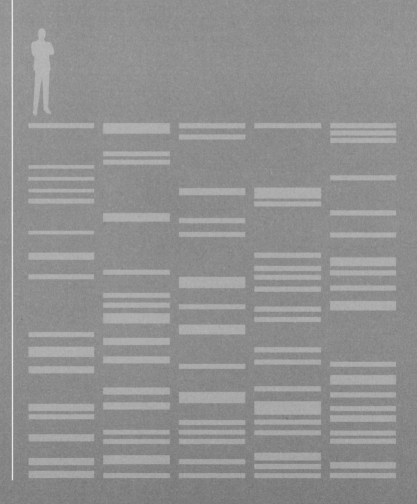

CHAPTER

4

관점을 바꿔야
보이는 것

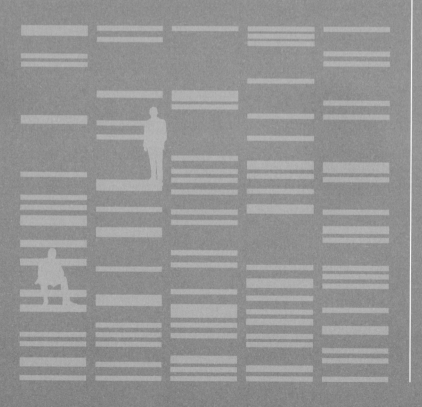

‖ 01 ‖

완벽함은 당신의 적이다

세계적인 벤처캐피털의 CEO가 투자 대상 기업의 CEO들에게 하는 말이 있습니다.

"내가 회사 사무실에 갔는데 당신이 책상 위에 발을 올려놓고 창밖을 내다보고 있다면 투자를 늘리겠습니다."

이 말에는 두 가지 메시지가 담겨 있습니다. 첫째는 일과 삶에서 성찰이 매우 중요하다는 점이고, 두 번째는 요즘 세상이 성찰할 시간을 내주지 않고 심지어 성찰할 능력마저 빼앗아가고 있다는 사실입니다.

'성찰'의 전형적 이미지라고 하면 로댕의 〈생각하는 사람〉이나 깊이 명상에 잠긴 사람을 생각하기 쉽습니다. 하지만 숱한 업무와 회의, 중요한 결정과 막중한 책임의 소용돌이 속에서 바쁘게 살아가는 사람들에게 그런 사색을 요구하기란 쉽지 않습니다.

하버드대학교 경영대학원의 조지프 바다라코 교수는 대학에서 만난 100여 명의 기업인을 인터뷰하고 위대한 인물들의 일기와 기록을 심층 연구한 결과 "성공한 사람들은 '모자이크 성찰'을 활용하고 있다"는 사실을 알게 됐습니다. 모자이크는 여러 빛깔의 작은 돌이나 유리를 조각조각 붙여서 무늬나 회화를 만드는 기법입니다. 바쁜 일상생활 속에서 틈틈이 시간을 내어 다양한 방법으로 성찰하는 것이 '모자이크 성찰'입니다.

바다라코 교수는 성찰의 큰 전제로 "제대로 하려는 자세를 버리고 대충하라"고 말합니다. "가치 있는 일이라면 제대로 하라"는 말을 들어온 사람들에게는 당혹스러운 원칙일 수 있지만 한 걸음 물러서야 더 분명하게 보이기 때문이라고 합니다.

"성찰은 한 발 물러서서 자신이 경험하고 있는 것, 이해하려고 노력하고 있는 것, 또는 지금 하고 있는 것에 대해 무엇이 정말 중요한지를 파악하는 일이다."

성찰의 첫 번째 설계 원칙은 '적당히 괜찮은 것(good enough)을 목표로 하는 것'입니다. 많은 일들이 일상에 못 미칠지라도 시도하고 노력할 가치가 있는데 성찰이 그런 일 가운데 하나이기 때문입니다. 두 번째 설계 원칙은 '저단 기어(downshifting)로 바꿔서 끊임없이 여기서 뭐가 문제일까, 어떻게 해야 할까 묻는 것'입니다. 잠시 정신을 자유롭게 풀어주고 생산성에 대한 근심을 털어버리라는 의미입니다. 세 번째 설계 원칙은 '어려운 문제를 숙고하는 것'이고, 마지막 네 번째 설계 원칙은 '잠시 멈추고 평가하는 것'입니다.

성찰이 필요한 근본적인 이유는 자신만의 시각을 갖는 것도 중요하지만 자신을 위해 여러 각도로 바라보는 법도 익혀야 하기 때문입니다. 빠른 판단을 하는 대신에 다양한 가능성을 검토하고 그것을 찾아내는 것이 리더가 해야 할 일이라고 바다라코 교수는 말합니다.

"우리가 성찰을 하지 않는다면 삶은 무수히 많은 길로 빠지게 될 것이다. 그러다 언젠가 우리는 정신을 차릴 것이고 그때 우리는 자신이 바라던 사람이 아닐 것이며 또 자신이 하고 싶었던 일을 하고 있지 않을 것이다."

조지프 L. 바다라코, 박진서 옮김, 《스텝 백》(토네이도, 2021)

02

실수를 저질러라, 두 배로 실패하라

1999년, 신생 비디오 대여업체 넷플릭스가 월정액 제도를 도입하기 전까지 미국의 영화 DVD 시장은 선발주자인 블록버스터의 독무대였습니다. 넷플릭스가 매달 일정한 돈을 내면 무제한으로 DVD를 빌려 볼 수 있게 한 것은 산업을 통째로 바꾼 혁명과도 같았습니다. 후발주자를 얕봤던 블록버스터가 2004년 뒤늦게 월정액 제도를 시행했지만 이미 넷플릭스로 기울어진 흐름을 뒤바꿀 수는 없었습니다.

미국의 인기 팟캐스트 '비즈니스 워'의 진행자인 데이비드 브라운은 넷플릭스가 큰 성공을 거둔 비결을 중국 고전《손자병법》에서 찾았습니다.

"손자(孫子)는 '적을 약탈하라. 군량 한 수레를 약탈하면 20수레의 군량을 얻는 것과 같다'고 조언했다. 본국에서 군량 한 수레를 수송하려면 엄청난 자원이 소모된다. 넷플릭스는 적 진영을 약탈하는 일을 했다."

우월한 제공물로 기존 고객을 뺏어오는 것이 새로운 제품이나 서비스로 신규 고객을 끌어들이는 것보다 훨씬 쉽고 효과가 크다는 것입니다.

브라운은 "유능한 전사(戰士)는 질 수 없는 곳에 자리 잡는다"는 손자의 어록을 강조하며 다음과 같이 말합니다.

"비즈니스 전쟁에서 승리한 기업들은 수많은 저항을 극복할 수 있는 자신만의 비전을 가지고, 현재의 좋은 입지를 기꺼이 포기할 줄 알았다. 또한 적재적소에 통제력을 확보해 틈새를 공략하고 때로는 과감히 상대의 약점을 활용하거나 교활한 술책을 쓰는 데 주저함이 없는 면모를 보였다."

비즈니스에서 이런 기업들이 승리하는 건 시장의 주파수가 계속 바뀌기 때문입니다.

"비즈니스를 올바른 주파수에 맞추지 않으면 전쟁은 끝장난 것이나 다름없다. 현명한 리더일수록 그 어떤 것도 영원히 지속되지 않는다는 사실을 아는 것에서부터 출발한다."

브라운은 패션 시장의 새로운 승자로 떠오른 H&M과 자라가 그 전형이라고 말합니다.

"패션에서 '맞는' 옷은 없다. '지금 맞는' 옷만 있을 뿐이다."

패션에서 앞서가는 고객들은 언제나 패션쇼 무대나 레드카펫에서 막 소개된 최신 디자인을 원했지만 의류 제조 회사들은 고객의 취향을 따라잡는 일만 할 수 있을 뿐이었습니다. 이렇듯 새로운 컬렉션 출시 주기가 몇 달 단위로 늘어져 고객의 취향 변화를 제때 반영하지 못하던 선발업체들을 H&M과 자라가 '몇 주 내 출시'로 제압하면서 패션 산업을 완전히 바꿔놓았다는 것입니다.

브라운은 어떤 비즈니스 전쟁의 승자도 결코 영원할 수 없다는 사실을 거듭 일깨웁니다.

"약점이 없어 보이는 기업도 줄 하나에 매달린 지경에 내몰릴 수 있다. 누구도 그 줄을 보지 못할 때만 안전하다."

회사에 불만을 품은 필수 인력이나 새로운 제품으로 바꿀 준비가 된 불만스러운 고객 기반 같은 약점은 적들에게 좋은 먹잇감이 된다고도 말합니다.

"경쟁자의 약점을 찾을 때는 먼저 그 리더들을 살펴라. 그들의 결함이 당신에게 최대의 기회를 제공할 것이다."

애플의 창업자 스티브 잡스가 "잘 살펴보면 하룻밤 사이에 이뤄진 것처럼 보이는 성공도 대부분은 오랜 시간에 걸쳐 이뤄졌다"고 말한 것처럼 브라운은 "뛰어난 비즈니스 리더들의 장기적인 성공은 우리가 종종 알게 되는 것보다 훨씬 많은 단기적인 실패를 수반했다"고 말합니다.

"성공의 비결은 두 배로 실패하는 것이다."

IBM의 토머스 왓슨 역시 실패와 실수의 긍정적인 면을 보아야 한다고 조언했습니다.

사람들은 실패를 성공의 적으로 생각하지만 전혀 그렇지 않다며 브라운은 다음과 같이 말합니다.

"실패를 통해 낙담할 수 있지만 교훈을 얻을 수도 있다. 그러니 앞으로 나서서 실수를 저질러라. 가능한 모든 실수를 저질러라."

데이비드 브라운, 김태훈 옮김, 《비즈니스 워》(한국경제신문, 2021)

03

'왜'보다 '무엇'을 질문하라

"안 되면 되게 하라!" "우리에게 불가능은 없다!"

고도성장기 시절 기업에서 흔히 외치던 구호입니다. 그러나 시대가 바뀌면서 기업들의 대응도 달라졌습니다. 임직원들의 개성을 고려한 개인 맞춤형 멘토링과 코칭이 확산하고 있습니다. 하지만 큰 효과를 보는 경우는 많지 않습니다. 《뇌과학으로 경영하라》의 김경덕 작가는 그 원인이 '뇌'에 있다고 말합니다.

"인간의 뇌는 보고 싶은 것만 본다. 그래서 이미 형성된 가치관과 태도를 변화시키기란 여간 어려운 일이 아니다."

그가 제시한 해결책은 뇌를 인지적·감정적·수용적으로 만드는 것입니다.

"뇌를 배울 수 있는 상태로 만들어야 코칭이 효과를 발휘할 수 있다."

그는 뇌를 길들이는 한 가지 방법으로 '왜'라고 묻기보다 '무엇'에 대해 질문해야 한다고 말합니다. '왜 이 일이 안 된다고 생각하는가'라고 묻기보다 '그 문제를 해결하기 위해서는 무엇이 필요하고, 무엇을 해야 하는가'라고 물으라는 것입니다. 사람은 '왜'라는 질문을 받으면 핑곗거리를 만들어내기에 급급해지고 이유를 묻는 말에 뇌가 본능적으로 자신을 변호하도록 기능하기 때문입니다. 하지만 "무엇에 대한 질문은 실제적이고 명확한 대답을 가능하게 한다"고 그는 말합니다.

그에 따르면 업무 환경을 즐겁고 긍정적인 분위기로 만드는 것도 뇌과학 관점에서 무척 중요합니다. 인간의 뇌 속에 거울 뉴런(mirror neuron: 타인의 행동을 거울처럼 반영하는 신경 네트워크)이 있기 때문입니다.

"관리자의 표정이 활기차고 밝으면 직원들의 표정도 대개 밝고 활기차다. 옆 동료가 신나게 일하는 모습을 봐도 마찬가지다."

뇌 기능을 제대로 살리기 위해 꼭 해야 할 게 있습니다. 자주 몸을 움직이는 것입니다.

"우리는 1960년대 사람들보다 약 30퍼센트 덜 움직인다. 성인은 일생의 70퍼센트를 앉거나 누워서 보내고, 아이들은 자유 시간의 50퍼센트를 앉아서 보낸다."

휴대폰으로 영화를 보고, 음식을 주문하는 시대가 된 탓입니다.

덜 움직이면 살이 찌고 근력이 약해지는 것만이 전부는 아닙니다. 불안과 우울감이 커지고 집중력·기억력·기획력이 저하됩니다. 곧 '우리의 뇌가 약해지는 것'이라고 그는 경고합니다.

매일 헬스장에서 운동을 한다고 해서 이 문제가 해결되지는 않습니다.

"하루 중 특정 시간에 고강도 운동을 하는가는 중요하지 않다. 운동 직후에 기분과 집중력이 상승하는 것은 사실이지만 한 시간의 근력 운동은 대세에 영향을 미치지 않는다."

몰아서 하는 고강도 운동보다는 일상에서 습관처럼 자연스럽게 행하는 가벼운 움직임이 더 효과가 있다는 것입니다.

특히 걷기는 창의력을 높여준다고 합니다. 우리의 몸이 아래로 잡아당기는 중력에 맞서도록 만들어졌고, 뼈에 체중을 싣고 움직이면 오스테오칼신(osteocalcin: 뼈에 칼슘과 골격 무기질이 붙도록 접착제 역할을 하는 단백질)의 분비를 촉진하기 때문입니다.

"오스테오칼신은 기억력과 전반적인 인지 능력을 높이고 불안감도 줄여준다. 또한 발바닥에 가해지는 압력은 혈류가 몸 전체를 보다 효율적으로 순환하도록 도와 뇌에 활력을 준다."

걷기와 발놀림은 마음속 장막을 걷어내주기도 합니다.

"춤을 추며 난독증을 극복한 심리학자, 달리기를 하며 마음을 괴롭히는 짐을 털어낸 마라토너, 정신력과 회복력을 위해 공중제비를 넘는 스턴트맨……."

삶에 대한 통제력을 갖고 싶고, 지능을 높이고 싶고, 우울한 기분을 떨치고 싶은 사람에게 뇌과학이 주는 메시지는 분명합니다.

"지금은 앉아 있을 때가 아니다!"

김경덕, 《뇌과학으로 경영하라》(피톤치드, 2021)

04

'미스터리의 법칙'을 활용하라

"열심히만 하면 성공할 수 있고, 갈등은 나쁜 것이며, 사람들은 기본적으로 따뜻한 마음을 갖고 있다."

주위에서 흔히 하는 이런 얘기를 미국의 베스트셀러 작가 로버트 그린은 '믿지 말라'고 충고합니다.

"세계는 권모술수가 판치고, 총성 없는 전쟁터다. 거짓 관념이 이를 가린다."

그는 현실이 아니라 당위를 믿는 이상론에 빠져 있으면 목숨을 잃지는 않더라도 경력과 인간관계의 손실을 대가로 치러야 한다고 경고합니다.

현실을 직시하는 돌직구 어록으로 인해 '21세기 마키아벨리'로 불리는 그린은 "선한 의지를 가진 영웅도 힘과 전략 없이는 싸움에서 이길 수 없다"고 말합니다. "악에 맞서려고 스스로 악이 될 필요는 없지만 악에 맞서 싸울 힘은 길러야 한다"는 것입니다.

인생을 제대로 살아가려면 먼저 삶의 목적과 과업, 해야 할 일을 발견하고 발전시켜야 합니다. 그러기 위해서는 내면의 목소리에 귀를 기울이고, 나아갈 방향을 찾는 게 중요합니다.

"스스로가 미덥지 않을 때는 잘하는 것에 집중하라. 그 중심으로부터 바깥으로 뻗어나가라." 그린은 이렇게 말하며 "길은 일직선이 아니다"라고 강조합니다.

"너무 거창하고 야심 찬 것에서 시작할 필요가 없다."

인생에서 점을 찍다 보면 그게 언젠가는 다 이어지더라는 애플의 창업자 스티브 잡스의 얘기와 맞닿아 있는 구절입니다.

"더 넓게 보고 더 크게 생각하라"는 말도 새길 만합니다. 그는 "승자와 패자가 가려지는 모든 경쟁에 있어 더 포괄적인 관점을 가진 사람이 반드시 승리한다"고 주장합니다. 대부분의 사람들은 늘 현재에 갇혀 있지만 관점의 폭이 넓은 사람은 순간을 초월해 사고하며 주도면밀한 전략으로 전체 과정을 통제할 수 있기 때문입니다. 그는 시야를 넓히기 위해 "안주하지 말라. 위험을 감수하라. 변화하라. 전혀 알지 못하는 분야를 배워보라. 한 번도 고려한 적 없는 관점을 채택해보라"고 말합니다.

그가 주장하는 '미스터리의 법칙'도 활용할 필요가 있습니다.

"필요한 것보다 더 적게 말하면 말에 의미가 있고, 당신에게 힘이 있는 것처럼 보이게 할 수 있다. 신비감을 조성하라."

학교에서는 '솔직하라'고 가르치지만 직장에서는 어느 정도 위장이 필요하다고도 말합니다.

"당신이 야심가지만 지위가 낮다면 실제보다 멍청하게 보이는 것이 좋다. 사람들은 남다른 위업을 존경하지만 그것이 자연스럽게, 수월하게 성취됐을 때 존경심은 10배가 된다."

성공과 실패에 올바르게 대처하는 것도 중요합니다.

"성공에 도취하지 말라. 종류를 막론하고 성공을 거둔 뒤에는 그 요인을 분석하라. 그 속에 필연적으로 존재하는 행운과 멘토를 비롯한 타인의 역할을 파악하라."

실패한 경우도 마찬가지입니다.

"당신이 무슨 역할을 했는지 살펴보라. 반드시 찾을 수 있을 것이다. 그래야 전투는 패배해도 전쟁에서는 이길 수 있다."

세상은 거대한 음모가 벌어지는 궁정과 같으며, 우리는 그곳에 갇힌 신세라고 그린은 강조합니다. 모두가 참가자이며 게임에서 빠질 방법은 없다는 것입니다. 이런 세상에서 인간의 존엄성을 지키려면 자신을 온전하게 돌아봐야 합니다.

스스로에게 질문을 던지고, 자신이 느끼거나 생각하는 모든 것이 옳다고 가정하지 말아야 합니다. 또한 스스로 생각하고 판단을 내릴 수 있어야 하며, 집단의 광기에 끌려 들어가지 않도록 특히 조심해야 한다고 그린은 조언합니다.

"공짜 미끼를 흔드는 자들을 의심하라. 금방 부자로 만들어주겠다는 말은 사기다. 복권은 수학 무지렁이들에게서 뜯어내는 세금이다. 권력에는 지름길이 없다."

로버트 그린, 노승영 옮김, 《오늘의 법칙》(까치글방, 2021)

05

성공한 '아싸'들의 DNA

도미니카계 미국인 코스 마르테는 19살 때 마약 유통 조직을 운영하다가 체포돼 7년간 징역살이를 했습니다. 방탕한 생활을 했던 터라 심각한 비만 상태였고, 교도소의 담당 의사로부터 5년 내 사망할 가능성이 높다는 통보를 받았습니다. '더는 이렇게 살지 않겠다'고 결심한 그는 독방에서 맨몸으로 운동을 하기 시작했습니다. 반년 만에 30킬로그램을 감량하자 다른 수감자들이 비결을 가르쳐달라고 몰려들었습니다.

마르테에게 번뜩 사업 아이디어가 떠올랐습니다. 출소한 뒤 옥중 경험을 살려 피트니스센터를 운영하겠다는 계획을 세웠습니다. 하지만 막상 사회에 나왔을 때 그런 기회는 쉽게 주어지지 않았습니다. 그럴 만도 한 것이 어떤 건물주가 전직 마약왕에게 선뜻 임대를 해줄 수 있을까요. 수십 번 거절당한 끝에 그에게 기회를 주겠다는 사람을 드디어 만났고, 그는 '세계 최초가 될 만한 것을 내세워 피트니스센터를 열면 어떨까?' 하는 생각에 이르렀습니다.

고심 끝에 그는 '감옥'을 테마로 한 피트니스센터 '콘바디'를 열었습니다. 센터 내부를 감옥처럼 시멘트 벽돌로 꾸몄습니다. 회원들을 '수감자'라고 불렀고, 마르테가 수감생활을 하는 동안 개발한 운동법에 따라 운동하도록 했습니다. 직원은 모두 전과자 출신만 채용했습니다. 창의성이라고는 찾아보기 힘들었던 산업에서 톡톡 튀는 존재가 됐고, 금세 두각을 나타내기 시작했습니다. 콘바디는 뉴욕에서만 2만 5,000명의 '수감자'를 거느리고 있고, 22개국에서 온라인 피트니스 수업을 제공하고 있습니다.

미국의 벤처 컨설턴트인 조시 링크너는 빌 게이츠, 마크 저커버그 같은 하버드대학교 출신이나 천재들만 세상을 바꾸는 게 아니라며 별 볼일 없었던 이들이 성공한 사례를 추적했습니다.

"팝스타이자 시대의 아이콘인 레이디 가가는 학창 시절 왕따 문제로 자퇴까지 했었다. 30억 달러 규모의 외식 기업 쉐이크쉑은 공원 구석의 작고 초라한 핫도그 노점에서 시작했다. 세계 최대 장난감 기업 레고는 전소된 시골의 가구 공장에서 출발했다."

세 가지 사례의 공통점은 내면에 잠재된 창의력을 일깨움으로써 세상에 없던 기회를 찾아냈다는 것입니다.

링크너는 아웃사이더의 벽을 넘어 성공을 일궈낸 사람들의 여덟 가지 DNA를 다음과 같이 찾아냈습니다.

① 문제와 사랑에 빠진다.
② 닥치고 시작한다.
③ 끊임없이 실험한다.
④ 기존 방식을 완전히 깨부순다.
⑤ 또라이처럼 생각한다.
⑥ 최소 비용으로 최대 효과를 달성한다.
⑦ 예상치 못한 지점을 공략한다.
⑧ 어떤 실패도 두려워하지 않는다.

링크너는 인간의 창의성은 엄선된 소수에게만 주어지는 생물학적 우위가 아닌 학습하고 배우는 것이 가능한 보편적 역량이라고 강조합니다. 비욘세, 지미 헨드릭스, 헨리 포드, 일론 머스크, 파블로 피카소에 이르기까지 창작의 달인들은 자신의 기량을 키우고 발전시킨 사람들이라는 것입니다.

"재능을 타고나기는 했지만 그들의 업적은 대부분 습관과 훈련의 결과다."

그는 창의성을 높이는 좋은 방법 가운데 하나로 걷는 것을 꼽습니다.

"스탠퍼드대학교 연구원들은 실리콘밸리의 한 영웅에게서 영감을 얻어 한 가지 실험을 진행했다. 스티브 잡스였다. 그와 미팅을 해본 사람들은 그가 앉지 않고 선 채로 미팅한다는 것을 잘 알고 있었다."

연구팀은 176명의 학생과 성인을 대상으로 걷는 행위가 창의력에 어떤 영향을 미치는지 실험했고 결과는 다음과 같았습니다.

"앉아 있을 때보다 걷고 있을 때 창의성이 평균 60퍼센트 증가했다. 6퍼센트가 아니라 60퍼센트다."

창의적인 발견을 위해서는 '7전 8기' 정신이 필요합니다. 가장 성공적인 조직들도 예외는 아니라고 링크너는 말합니다.

"구글은 놀라운 성공을 일군 기업이지만 모든 것을 성공한 것은 아니다. 실패도 많았다."

웹사이트 'killedbygoogle.com'은 구글이 '무덤으로 보낸 243가지 작품'을 열거하고 있습니다. 유명을 달리한 구글의 서비스와 앱 옆에는 묘비 아이콘이 달려 있기도 합니다. 링크너는 말합니다.

"구글의 리더들은 작별 인사를 하고 손실을 감수하는 것을 두려워하지 않는다."

조시 링크너, 이종호 옮김, 《아웃사이더》(와이즈맵, 2022)

‖ 06 ‖

'언런'의 힘

19세기 미국의 서부 개척 시대, 철도 노동자 존 헨리는 선로를 까는 망치질에서 발군의 최고실력자였습니다. 최첨단 기술인 증기해머가 등장하자 "인간이 그깟 기계에 질 리 없다"며 시합을 벌였습니다. 힘겨운 겨루기 끝에 이기긴 했는데 안타깝게도 심장마비로 세상을 떠났습니다. '우수함'의 척도가 바뀐 것을 인정하지 않을 때 어떤 일이 일어나는지를 보여주는 상징적 사건으로 지금까지도 회자되곤 합니다.

일본의 전략 컨설턴트 야마구치 슈는 "일에 대해 새로운 의미와 가치를 찾아내는 인재만이 살아남을 수 있다"고 강조합니다.

"지금까지는 경험이 많은가 적은가를 한 사람의 우수성을 정의하는 중요한 척도로 써왔다. 하지만 더는 아니다."

'언런(unlearn: 과거의 지식과 습관을 모두 잊고 새롭게 시작한다는 뜻)'이 인재 요건으로 떠올랐다는 것입니다.

일을 하려는데 '그건 어디에 도움이 되는가'를 묻고 제동을 거는 사람들이 있습니다. 야마구치는 "세상을 바꾼 위대한 혁신은 '이건 왠지 대단할 것 같다'는 직감에 이끌려 시작됐다는 사실을 잊지 말아야 한다"고 일깨웁니다. '직감'을 무작정 따르라는 얘기는 물론 아닙니다.

"중요한 것은 그 직감의 기저에 깔려 있는 철학과 윤리다."

구글은 '놀이'를 업무 시간에 적극 권장하는 자유분방한 기업이지만 '사악해지지 말자(Don't be evil)'는 철학이 임직원들의 마음속에 자리 잡고 있습니다.

"이것이 어떤 돌발 상황 속에서도 불안정한 원칙과 규율을 뛰어넘어 경영상의 중대한 오류와 실수를 피할 수 있는 안전장치 역할을 한다."

야마구치는 경영사상가인 맬컴 글래드웰이 《아웃라이어》에서 제창한 '1만 시간의 법칙'에 대해서도 이의를 제기합니다. 글래드웰은 "한 가지 일에 1만 시간 이상 열심히 노력하면 꿈이 이루어진다"고 했지만 '언런'의 시대에 접어든 지금은 더 이상 들어맞지 않는다는 것입니다.

"노력의 층위(layer)가 맞지 않다면 아무리 노력하더라도 성과를 얻을 수 없다."

그는 이 시대가 원하는 것은 앉은 자리에서 묵묵히 일하는 인재가 아니라 그 길이 아니면 재빠르게 '탈출'해서 자신의 노력이 빛을 발하는 자리를 찾아 성과를 이끌어내는 사람이라고 말합니다.

"아마존의 사업 철수 목록을 본다면 이 '탈출 전략'이 얼마나 압도적인 힘을 발휘하는지 단박에 이해하게 될 것이다."

미국의 컨설팅 그룹 딜로이트가 29개국의 밀레니얼 세대(1980~2000년대 초 출생)에게 직장 선택의 기준을 질문한 결과도 참고할 만합니다. 응답자의 60퍼센트 이상이 "급여나 제품이 아닌 해당 기업이 사업을 하는 목적이 가장 중요하다"고 답했습니다. 영국의 일간지《가디언》의 조사에서도 비슷한 결과가 나왔습니다. 밀레니얼 세대의 44퍼센트가 "높은 연봉을 받기보다는 인류에 도움이 되는 일을 하고 싶다"고 했고, 36퍼센트는 "근무하는 회사가 사회에 공헌할 때 일할 의욕이 커진다"고 했습니다. 야마구치는 다음과 같이 결론 내렸습니다.

"밀레니얼들이 직업 선택의 기준으로 '의미'를 매우 중시한다는 사실을 알 수 있다."

야마구치 슈, 김윤경 옮김, 《뉴타입의 시대》(인플루엔셜, 2020)

07

'귀납의 시대'가 왔다

1888년 뉴욕 맨해튼에 문을 연 카츠 델리카트슨은 '파스트라미 (pastrami: 양념한 소고기를 훈제해 차갑게 식힌 것) 샌드위치'로 100년 넘게 뉴요커들로부터 사랑을 받고 있습니다. 영화 〈해리가 샐리를 만났을 때〉 촬영지로도 유명한 이곳은 개업 이후 메뉴의 맛과 인테리어를 한 번도 바꾸지 않았습니다. 그런데도 손님이 끊이지 않는 비결을 제이크 델 사장은 이렇게 말합니다.

"우리에게 최선의 변화는 변하지 않는 것이다."

뉴욕대학교 스턴경영대학원의 앨런 애덤슨 겸임교수와 조엘 스테켈 교수는 기업들의 공통 고민인 '정체성'과 '혁신' 사이의 딜레마를 연구해온 전문가들입니다. 그들은 이 문제에 대해 "기업이 가진 고유한 정체성을 고집스럽게 이어가는 것은 좋기도 하고 아니기도 하다"라고 말했습니다.

카츠 델리카트슨은 정체성을 고수함으로써 성공을 이어가고 있지만 내셔널 지오그래픽은 반대 상황에 처해 있습니다. 미디어가 '종이 없는 세상'으로 바뀌어가고 있는데도 새 환경을 외면한 탓입니다.

"기업 혁신을 위해서는 연역(演繹)이 아니라 귀납(歸納)으로 변화에 접근해야 한다. 특정 답을 정해놓고 그것에 맞추는 것이 아니라 개별 사안과 환경에 최적화된 답을 찾아내야 한다."

앨런과 조엘 교수는 내셔널 지오그래픽의 사례를 설명하며 다음과 같이 말했습니다.

내셔널 지오그래픽은 연역법을 택했습니다. '누구도 우리에게 도전하지 못한다'는 결론을 미리 내려놓고 경영을 밀어붙였습니다. 구독자가 줄고 온라인 경쟁에서도 밀리는 신세가 된 끝에 폭스에 합병됐습니다. 반면 월스트리트저널은 달랐습니다. 온라인사이트에 과감하게 투자하며 종이 일변도 구조를 중단했고, 변화에 탄력이 붙으면서 온라인 시대를 선도하고 있습니다.

"진정한 변화를 위해서는 무엇을 시작하고 중단해야 하는지 정확히 파악해야 한다."

이렇게 주장한 두 교수는 기업 변화의 성패를 가르는 첫 번째 요인으로 "너 자신을 알라"는 소크라테스의 경구를 꼽으며 다음과 같이 말했습니다.

"기업 스스로 최우선의 승부처, 가장 잘하는 분야, 정체성을 분석하지 못하고 아집에 사로잡히거나 변화라는 겉치장만 하면 망할 수밖에 없다."

그러고는 기업이 당장 변화에 나서야 할 위험 신호 일곱 가지를 다음과 같이 일깨워줍니다.

① 실적과 관련된 숫자의 변화: 분기별 매출이나 이익이 줄어드는 등의 조기 경보를 무시하지 말라.

② 브랜드 가치의 차별성을 추구하지 않고 가격 경쟁에만 나서는 것: 가격이 경쟁의 중요한 무기가 된다는 건 브랜드 파워가 약해지기 시작했다는 위험 신호다.

③ 방대한 데이터를 제대로 분석하지 못하는 것: 데이터 수집은 기업이 향후 방향을 어떻게 잡을지 분석할 재료를 얻는 것인데, 데이터 자체에만 집중하는 건 나무만 보고 숲을 보지 못하는 격이다.

④ 소비자들에게 비치는 기업이미지가 점점 나빠지는 것.

⑤ 오만함에 머무는 것.

⑥ 지나치게 안전만을 추구하는 것.

⑦ 기업의 리더가 오로지 단기 성과에만 집중하며 조직 내 소통을 외면하는 것.

이런 위험 신호들을 놓치지 않으면서 혁신 방향을 제때 잡아나가야 합니다. 또한 중요한 사실은 지킴과 변화라는 두 마리 토끼를 동시에 잡아야 한다는 것입니다.

"정해진 답은 없다. 필사적인 자기 성찰과 위험 분석만이 성공의 길이다."

앨런 애덤슨·조엘 스테켈, 고영태 옮김,《시프트 어헤드》(한국경제신문, 2020)

08

향기가 일으키는 마법

"낯선 도시를 별 생각 없이 어슬렁거리다가 어느 음식점의 열린 문틈에서 풍기는 냄새를 맡았다. 딱 1초, 아주 짧은 순간이었는데 몇 년 또는 수십 년 동안 잠자고 있던 옛 기억의 한 자락이 깨어났다. 어머니와 할머니가 음식을 손수 만들어주시던 부엌에서 군침을 흘리던 때로 돌아가 있는 내 자신과 만났다."

웬만큼 여행을 다녀본 사람이라면 누구나 한번쯤 겪은 경험일 것입니다. 사람의 마음속 깊은 곳에 남아 있는 후각의 경험을 매개로 까마득한 옛일을 떠올리게 하는 현상을 '마들렌(Madeleine) 효과'라고 합니다. 독일의 향기 전문 컨설턴트인 로베르트 뮐러-그뤼노브는 "향에 스며든 기억은 잊히지 않는다"고 말합니다.

향은 소비자들의 코를 간질여 지갑을 열게 하는 데도 쓰입니다.

상당수 대형마트들이 입구에 빵집을 둬 냄새로 소비자들의 침샘을 자극합니다. 밀러-그뤼노브에 따르면 침샘이 폭발하면 허기로 발전하고 그로 인해 욕구가 늘어나기 때문입니다.

"빵집이 들어선 마트가 그렇지 않은 곳에 비해 장사가 잘되는 이유다."

향기가 돈벌이에만 쓰이는 건 아닙니다. 좋은 향기는 사람의 심성도 바꿉니다. 또한 선한 행동을 유발합니다. 프랑스의 로렌대학교 연구팀은 바닐라향을 뿌린 실험자와 박하향을 뿌린 실험자들이 시민에게 도움을 요청했을 때의 반응을 각각 살폈습니다. 그 결과 바닐라향을 뿌린 실험자들은 70퍼센트의 시민들에게 도움을 받은 반면 박하향을 뿌린 실험자들은 10퍼센트에 그쳤습니다.

향기를 제대로 활용했을 때 긍정적인 영향력을 발휘할 수 있는 곳이 생각보다 많습니다. 특히 의료 분야가 대표적입니다. MRI 촬영을 위해 좁은 통 속에 눕는 일은 고역입니다. 폐쇄공포증이 있는 경우에는 더욱 고통을 겪습니다. 밀러-그뤼노브는 MRI 촬영 때 진정 작용을 하는 게라니올과 라벤더를 활용하는 방법을 개발했습니다.

"환자들의 흥분과 불안을 줄일 수 있었다. 촬영 시간이 단축된 것은 물론이다."

양로원이나 요양원에 감귤류 또는 그레이프프루트, 베르가못이나 상쾌한 빨래 냄새 같은 향기를 은은하게 주입하면 분위기가 확

달라집니다. 뮐러-그뤼노브는 치과나 일반 병원 대기실에서도 좋은 향기를 이용해 편안하고 쾌적한 분위기를 만들 수 있다고 조언합니다..

"독일 사람들의 70퍼센트가 치과에 가기를 두려워하며, 10퍼센트는 정기 검진을 하지 않고 이가 아파야 비로소 치과를 찾는다. 그런데 치과에서 오렌지 오일과 라벤더 오일 향이 나면 스트레스 수치가 내려간다."

전자제품이나 자동차, 건축물처럼 언뜻 향기와 관련이 없어 보이는 분야에서도 '향기 마케팅'은 위력을 발휘합니다. 전시장과 박물관, 미술관, 호텔, 백화점에 고유의 향을 디자인해서 퍼뜨리면 고객들에게 쾌적함을 제공하는 동시에 브랜드 이미지를 기억 속에 남기는 효과도 얻을 수 있다는 것입니다. 뮐러-그뤼노브는 후각에 대해 이렇게 정리했습니다.

"시각과 청각은 즉각적인 반응을 끌어내는 데 유용하지만 후각은 기억과 감정을 동시에 불러일으켜 더 깊이, 더 오랫동안 이미지를 각인하는 효과를 발휘한다."

로베르트 뮐러-그뤼노브, 송소민 옮김, 《마음을 움직이는 향기의 힘》(아날로그, 2020)

09

자녀의 경제관념을 망치는 부모의 말

"두 사람이 모이면 세 가지 의견이 나온다."

유대인의 특징을 설명해주는 이스라엘 속담입니다. 유대인들은 경전인 《탈무드》를 공부할 때 나이, 신분, 성별에 관계없이 두 명씩 짝을 지어 토론을 벌입니다. 치열한 논쟁을 통해 진리를 찾아나가는 이 방식을 '하브루타'라고 부르는데, 가정에서부터 학교와 사회에 이르기까지 모든 교육 단계에 뿌리 내린 학습 방식입니다. 하브루타를 통해 하나의 주제에 대해 찬성과 반대 의견을 동시에 경험하며 다양한 시각과 견해를 배우게 됩니다.

하브루타부모교육연구소의 김금선 소장은 "세계적인 금융회사와 기업을 숱하게 일궈낸 유대인들의 저력은 어릴 때부터 하브루타를 바탕으로 한 경제 교육을 철저하게 받는 데서 나온다"고 말합니다.

"하브루타는 유대인의 창의력과 도전 정신을 놀랍게 성장시켰고, 실패를 두려워하지 않는 강인한 정신력을 길러주었다."

또한 토론과 논쟁에는 '정답'이 없다며 "정답이 아니라 얼마나 창의적인 답을 찾는지가 중요하다. 기존에 없던 것을 찾으려니 잘못 짚는 경우가 허다하다. 창의성의 세계에서 실패는 다반사로 일어난다"고 강조합니다. 여기에서 실패에 대한 새로운 개념이 생기는데 '실패는 곧 새로운 경험'이라는 것입니다.

김 소장은 유대인들이 13세에 성인식을 성대하게 치르는 이유를 경제 교육 관점에서 성찰합니다.

"성인식 때 결혼식 축의금에 버금갈 정도로 주위에서 많은 축하금을 받는다. 부모는 이 돈을 주식과 펀드 등 각종 투자 방식으로 불린다."

자녀가 20세가 되면 독립을 시키는데 이때 부모가 관리해온 이 돈을 자녀에게 '실패 비용'으로 준다는 것입니다.

"다양한 일에 도전할 때 필요한 돈을 미리 줌으로써 실패한 뒤 다시 일어설 수 있는 경험을 제공하는 밑바탕을 마련해준다."

한국인의 자녀교육 방식은 유대인과 다릅니다. 돈의 중요성을 제대로 가르치지 않은 채 '내가 알아서 다 챙겨주겠다'는 식의 부모가 적지 않습니다. 김 소장은 이런 전형적인 사례를 '자녀의 경제관념을 망치는 부모의 여섯 가지 말 습관'으로 정리했습니다.

① "우리는 마음이 부자야."

② "그래, 기분이다. 오늘 치킨 먹자."

③ "엄마가 다 알아서 할 테니까 너는 공부나 해."

④ "시험 잘 보면 휴대폰 바꿔줄게."

⑤ "이거 사. 이게 훨씬 좋아."

⑥ "끝까지 못할 거면 아예 시작도 하지마."

이런 말들은 아이를 판단 주체에서 아예 배제시키고, 돈에 대한 고민과 기회비용의 선택 기회를 빼앗습니다.

유대인들이 하브루타 방식의 문답을 통해 아이들 스스로 경제 관련 지식을 자연스럽게 습득하도록 이끄는 것에 주목한 김 소장은 "유대인들은 집안의 경제 상황을 투명하게 공유하고, 경제 뉴스에 등장하는 각종 용어도 세심하게 가르친다"며 다음과 같이 조언합니다.

"만약 삼성전자에 대한 뉴스가 나온다면 아이들은 삼성전자가 얼마나 큰 회사냐고 물어볼 것이다. 이럴 때 그냥 뭉뚱그려 이야기하지 말고 삼성전자가 어떤 업종의 기업인지, 회사의 크기는 어떻게 가늠하는지, 주식회사란 무엇인지, 주식시장에는 어떻게 투자하는지 등을 최대한 자세하게 알려줘야 한다."

'왜 돈을 많이 벌고 부자가 되어야 하느냐'가 경제 교육의 핵심입니다. 유대인들은 돈을 버는 궁극적인 목적을 '자유'에 둡니다.

돈이 없으면 생활의 자유를 얻을 수 없기 때문입니다. 김 소장은 경제 교육의 중요성을 강조하며 부자 수업의 의미에 대해 이렇게 정리합니다.

"부자 수업의 최종 목표는 사회에 도움이 되는 인간을 키워내는 것이다. 돈을 정직하게 모으고, 올바른 곳에 쓰도록 지도하면서 부모와 아이는 함께 성장한다."

김금선, 《내 아이의 부자 수업》(한국경제신문, 2021)

10

전설의 부호가 남긴 유산

미국의 월가에서 전설로 회자되는 가문이 있습니다. 할아버지 셸비 시니어와 아들 셸비 주니어, 손자 앤드류와 크리스 이렇게 3대에 걸쳐 100년 넘게 주식투자를 통해 부를 쌓아올린 '데이비스' 가문입니다. 할아버지 데이비스는 경제 교육을 따로 받은 적이 없었고, 38세가 돼서야 주식투자에 입문했습니다. 뉴욕 보험청 직원으로 일하던 그는 늦은 나이에 전문 투자자로 변신했지만 확고한 투자 원칙을 세워 '명가(名家)'의 길을 열었습니다.

미국의 금융전문 칼럼니스트 존 로스차일드는 데이비스 가문이 월가의 전설이 된 비결을 추적하여 한 권의 책에 담았습니다. 책에서 그는 데이비스 가문을 다음과 같이 소개했습니다.

"주식 및 채권 투자와는 거리가 먼 삶을 살다가 월스트리트에 입문해《포브스》선정 미국 최대 부호로 우뚝 섰던 셸비 데이비스, 아버지의 막대한 재산 대신 투자 원칙과 지혜를 전수받아 1만 달러를 37만 9,000달러로 불린 셸비 주니어, 뉴욕의 유명 펀드매니저로 가문의 명성을 이어간 손자."

월가는 물론 전 세계에서도 드물게 3대에 걸쳐 지속적인 성공을 이뤄낸 첫 번째 비결은 '자신이 잘 아는 곳에 투자한다'는 원칙입니다. 셸비 시니어는 당시 인기 있던 채권이나 기술 종목이 아니라 자신이 잘 알고 있던 보험 종목에 집중 투자했습니다. 많은 보험회사들이 장부가액보다 낮은 가격에 주식을 팔고 있다는 사실에 주목해 다른 종목보다 훨씬 적은 비용으로 전망이 밝은 주식들을 골라 매입했습니다. 이렇게 투자한 초기 자본 5만 달러가 9억 달러로 5만 8,000배 불어났고,《포브스》가 선정한 미국 최대 부호 명단에 올랐습니다.

그가 정립한 투자 원칙 몇 가지를 소개하면 이렇습니다.

"헐값의 주식, 고가의 주식을 피하라. 어설픈 기업은 세월이 흘러도 그런 상태를 벗어나지 못할 공산이 크다. 반면 아무리 훌륭한 기업도 주가가 비싸면 소용없다. 기업에 투자하는 것 역시 물건을 사는 것과 다를 바 없다. 회사는 마음에 드는데 주가가 그렇지 않은 경우 하락할 때까지 기다려라. 투자자에게는 약세장이 많은 돈을 벌 수 있는 더없이 좋은 기회다. 다만 사람들이 그 시기를 모를 뿐이다."

'뛰어난 리더십에 투자하라'는 원칙도 눈길을 끕니다.

"어떤 회사든 훌륭한 리더십이 중요하다는 게 월스트리트의 불문율이지만 일반적인 분석 보고서에서는 이 문제가 배제된다. 분석가들은 그보다 최신 통계를 우선시하지만 그들이 어떤 회사에 투자할 때는 그 회사의 리더십을 반드시 파악한다."

셸비 시니어는 '주식은 마라톤이다'라는 원칙도 철저하게 지켰습니다.

"1년, 3년 또는 5년 투자를 목적으로 한 경우 주식의 위험 부담이 높지만 10년 또는 15년을 계획하면 이야기가 달라진다."

자신이 증시에 입문한 때가 강세장 막바지였지만 "20년이 지나고 보니 불안했던 첫출발은 전혀 문제될 게 없었다"고 회고했습니다. 그는 주식투자로 1조 원에 가까운 돈을 벌었지만 자식과 손자들에게 한 푼도 물려주지 않았습니다. 그 대신 '투자의 원칙과 지혜'를 물려줬고, 이것이야말로 마르지 않는 부의 원천이 됐습니다. 셸비 시니어는 손자에게 이렇게 말했다고 합니다.

"할아버지는 너에게 단 한 푼도 물려주지 않을 작정이다. 대신 너는 스스로 버는 즐거움을 내게 빼앗기지 않아도 된다."

존 로스차일드, 김명철·신상수 옮김, 《100년 투자 가문의 비밀》(유노북스, 2021)

11

뇌를 지배하는 자가 시장을 지배한다

와인 애호가들에게 아주 비싼 와인과 값싼 와인을 맛보게 하는 이벤트가 열렸습니다. 참가자 모두 비싼 와인을 마실 때는 쾌락중추에서 뉴런(자극과 흥분을 전달하는 신경계 단위)이 활발하게 움직였지만 값싼 와인을 마실 때는 아무런 움직임도 없었습니다. 그런데 웬걸, 두 와인은 똑같은 와인이었습니다.

미국의 신경과학자인 프린스턴대학교의 매트 존슨 교수는 "인간은 결코 세상을 직접 경험하지 않는다"고 말합니다.

"우리는 비싼 와인일수록 맛있다고 '말하는' 것이 아니다. 실제로는 맛있다고 '느끼는' 것이다. 와인 애호가들은 크리스털 글라스에 담긴 와인을 더 맛있게 느낀다."

그에 따르면 인간이 경험하는 것은 뇌가 만든 '세상에 대한 모형'이기 때문입니다.

존슨 교수는 인간의 행동이 뇌가 보내는 신호에 따라 얼마나 좌우되는지를 보여주는 또 다른 사례를 소개했습니다.

"1990년대에 진행된 블라인드 테스트에서 펩시와 코카콜라 중 어떤 콜라가 더 맛있느냐고 물은 결과 53대 47로 펩시가 앞섰다. 브랜드를 공개한 상태에서는 20대 80으로 코카콜라가 압도적으로 많았다."

뇌과학자들이 이런 모순된 결과의 비밀을 밝혀내기 위해 나섰습니다.

"실험 결과 코카콜라를 마신다는 말을 듣자마자 뇌의 측두엽이 반응했다. 오랜 기간 '코카콜라=행복'이란 메시지를 담은 마케팅을 펼친 결과 '코카콜라'라는 말만 들어도 뇌가 행복하다는 착각을 하게 된 것이다."

그런데도 코카콜라는 블라인드 테스트 결과에 자극받아 신제품 개발에 나섰습니다. 19만 명을 대상으로 한 사전 테스트를 거쳐 최고의 맛을 자부하는 '뉴 코크'를 출시했습니다. 하지만 결과는 처참한 실패였습니다. 소비자들이 기존 코카콜라만을 찾는 바람에 출시 30일 만에 시장에서 완전히 철수했습니다. '마케팅 역사상 가장 위대한 실패'로 불리는 이 사건은 '소비자는 뇌가 즐거운 상품을 더 좋아한다'는 사실을 재확인시켰습니다.

존슨 교수는 인간의 뇌가 현실이나 경험을 객관적으로 파악하기보다는 주관적으로 인지한다고 강조합니다.

"인간의 기억은 매우 부정확하며, 기업들은 이런 뇌의 성향을 이용한 브랜드 마케팅을 펼친다."

우리는 소비자로서 자유로운 선택권을 갖고 행동한다고 생각하지만 무의식을 통제하는 뇌의 작용을 파고드는 마케팅에 지배당하고 있다는 것입니다.

그는 음식을 먹을 때도 마찬가지라고 말합니다.

"음식물이 혀에 닿을 때의 객관적인 감각과 뇌가 궁극적으로 경험하는 것 사이에는 상당한 격차가 있다. 우리는 직접 음식을 경험하는 게 아니다."

영국의 철학자 앨런 와츠는 "우리는 음식이 아니라 메뉴를 먹는다"고까지 말했습니다. 존슨 교수는 우리에게 묻습니다.

"나의 뇌가 누군가에게 끌려가게 둘 것인가? 통제할 수 있는 자가 될 것인가? 나도 누군가의 뇌를 마케팅할 수 있는가?"

매트 존슨·프린스 구먼, 홍경탁 옮김, 《뇌과학 마케팅》(21세기북스, 2021)

12

누구의 말에 귀 기울일 것인가

세계 금융위기가 일어난 2008년, 미국의 펀드매니저였던 마이클 버리는 재앙을 일찌감치 예견했습니다. 주식 시장이 폭락할 것을 확신하고 공매도에 나서 1,100억 원어치를 벌어들였고, 자신을 믿어준 투자자들에게 총 8,200억 원어치의 수익을 안겨줬습니다. 하지만 대부분의 투자자는 그의 말을 믿지 않았습니다. 위기가 지나간 뒤 원인을 분석하던 시기에도 백악관과 경제 신문 어디에서도 그를 찾지 않았습니다.

경제 칼럼니스트 스티브 마틴이 그 이유를 추적했습니다.

"말의 힘은 균등하지 않다. 같은 말을 하더라도 전달자(메신저)가 누구냐에 따라 신뢰 여부가 크게 달라진다."

영화 〈빅쇼트〉 주인공의 실제 모델이기도 한 마이클 버리는 의

사소통에 서툴렀고 사회성이 부족해 학창 시절 친구가 거의 없었습니다. 그가 예지력이라고 할 만한 통찰을 가졌음에도 그것을 세상에 제대로 전할 수 없었던 이유입니다.

세상에는 근거를 갖고 신중한 제안을 하거나 신뢰할 만한 관점으로 정확한 예측을 내놓는데도 무시당하고 조롱거리가 되는 사람들이 적지 않습니다. '카산드라의 저주'에 비유되는 사람들입니다.

"그리스 신화에 나오는 카산드라는 자기 말에 귀를 기울이면 도움이 될 이들에게 지식을 전해주려고 하지만 누구도 그의 말을 믿지 않는다. 아폴론의 저주를 받은 탓이었다."

이런 역설이 빈번하게 발생하는 것은 사람들이 메시지보다 메신저에 주목하기 때문입니다.

마틴에 따르면 사람들이 메시지보다 메신저에 따라 더 큰 영향을 받는 데는 그럴만한 까닭이 있습니다.

"과거보다 모든 분야가 전문화됐고, 세상이 변화하는 양상이 다양해지면서 모든 정보를 객관적으로 판단하기 어려워졌다. 완전히 객관적인 관점으로 대통령을 뽑는다거나 집을 사기 위해 현존하는 모든 부동산·금융 정보를 고려하는 게 사실상 불가능해졌다."

그 결과 눈앞의 정보가 어떤 메신저의 의견인지, 그 메신저는 어떤 능력을 가졌는지를 판단하는 쪽으로 진화하게 된 것입니다.

"메신저를 판단 기준으로 삼는 것은 결정에 있어 비용 대비 이익을 극대화하기 위한 합리적인 경향이다."

행동심리학자인 조지프 마크스는 이런 '메신저 편향'의 함정을 경계해야 한다고 일깨웁니다.

"전문가보다 유명인에게 귀를 기울이고, 단지 매력적인 사람을 연상시킨다는 이유로 물건을 구매하고, 가까운 친구의 의견이라서 특정한 정치적 견해에 긍정적인 반응을 보인다면 가짜뉴스와 형편없는 조언이 넘쳐나는 세상에서 살게 될 것이다."

상당수 사람들이 자신은 '메신저 효과'에 면역을 갖추고 있다고 믿습니다. 그저 유명할 뿐인 메신저의 의심스러운 메시지에 호응하는 건 다른 사람들일 뿐이라고 여기지만 메신저의 영향력에서 벗어나는 건 쉬운 일이 아닙니다.

한편, 우리는 메시지를 받기만 하는 게 아니라 전달할 때도 많습니다. 따라서 어떤 메신저가 되느냐도 중요합니다. 마크스는 메신저의 성공에 기여하는 요소로 사회 경제적 지위, 역량, 지배력과 같은 '하드 프레임'과 함께 온화함, 취약성, 신뢰성의 '소프트 프레임'을 제시합니다. 또한 메시지를 전달하는 상황에 맞춰 적절한 프레임을 취사선택해야 효과적인 메신저가 될 수 있다고 조언합니다.

"어떤 사람의 말을 들을 것인가, 어떤 사람을 믿을 것인가 그리고 나는 어떤 사람이 될 것인가."

스티브 마틴·조지프 마크스, 김윤재 옮김, 《메신저》(21세기북스, 2021)

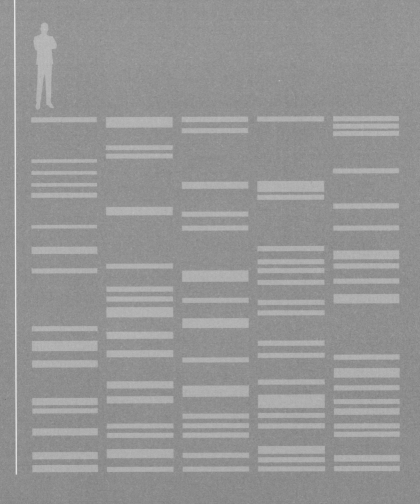

생각을 바꾸면
인생도 바뀐다

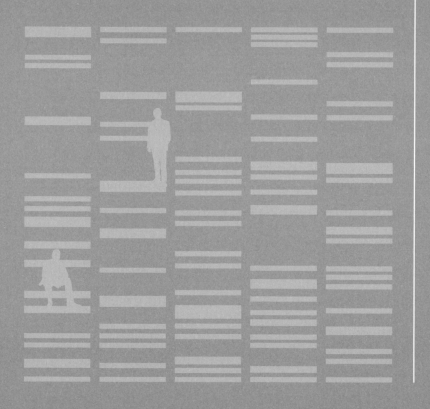

01

'최상의 나'를 만드는 방법

올림픽 개막식에 참석해 성화대가 점화되는 광경을 지켜보는 사람들은 하나같이 인류의 유대감을 확인하는 행사를 현장에서 지켜봤다는 사실에 벅찬 감동을 느낍니다. 인류의 일원이라는 결속감과 사명감을 한껏 고양한 채 집으로 돌아가게 되지요. 그런데 바로 이 순간부터 마음이 돌변합니다. 주차장으로 돌아가는 길을 찾고, 교통체증으로부터 벗어나려는 법석과 부산스러움 속에서 참을성 있고 정중했던 모습이 성급하고 불평 많은 모습으로 바뀝니다.

미국의 리더십 컨설턴트인 스티븐 클레미치와 마라 클레미치 부부는 사람들의 마음이 왜 이렇게 간사한지에 대해 성찰했습니다.

"인간은 매우 모순된 존재다. 선하기만 하거나 악하기만 한 사람은 없다. 100퍼센트 사랑이 가득한 사람도 100퍼센트 이기주의로

똘똘 뭉친 사람도 없다."

클레미치 부부는 우리의 마음이라는 게 얼마나 허약한지부터 일깨워줍니다.

"대부분의 사람들이 매일 맞이하는 순간이 있다. '왜 그렇게 말을 했을까?' '내가 ○○만 했더라면'이라고 후회하는 것이다."

작은 문제를 갖고 아이들과 배우자를 닦달하거나 다른 사람들 앞에서 자기 팀원을 비난하는 경우도 적지 않습니다.

두 사람이 분석한 마음의 원리는 간단합니다. 우리 마음속에는 선(線)이 하나 있다고 합니다.

"이 선은 인간의 마음을 '선 위'와 '선 아래' 두 개의 영역으로 나누는데, 그 경계가 대단히 얇아서 우리는 매 순간 자기도 모르게 선의 위아래를 넘나든다."

선 위의 마음에는 겸손과 사랑이 가득한 반면 선 아래에는 두려움과 자존심이 자리하고 있다며 "선 아래의 마음에 지배당하면 방어적이고 부정적인 최악의 내가 등장한다. 선 위의 마음을 취하면 우리 안에서 가장 성숙한 나, 최고의 나를 이끌어낼 수 있다"는 것입니다.

어떤 마음을 선택하느냐에 따라 나의 행동과 삶을 바꿀 수 있다는 뜻입니다.

"최고의 모습도, 최악의 모습도 내 안에 있다."

따라서 두 사람은 선 위의 마음인 겸손과 사랑의 행동을 전략적으로 취하는 게 '최고의 나'를 일궈내는 방법이라고 조언합니다.

"겸손한 행동은 진정성, 변혁, 신뢰, 성취이며 사랑의 행동은 연결, 격려, 발전, 연민이다."

마음을 설계하는 습관도 필요하다고 말합니다.

"우리는 회의를 위해서 의제와 슬라이드, 보고서를 준비한다. 또한 다음번 모임에 나가서 이야기할 휴가 계획을 완벽하게 만드는 데 시간을 들인다. 그러면서도 마음자세, 사고, 행동 같은 성품을 설계하는 일에 대해서는 거의 생각하지 않는다."

마음을 지키기 위해서는 부단하고 세심한 노력이 매순간 뒤따라야 한다는 것입니다. 그들은 말합니다.

"무너지지 않는 마음은 언제나 자신을 지키는 무기가 되어 '내가 바라는 나'에 더 가까워질 수 있다. 냉소는 회피의 도구이며, 시선을 끌고 싶어 하는 또 다른 형태일 뿐이다."

스티븐 클레미치·마라 클레미치, 이영래 옮김, 《마음이 무기가 될 때》(한국경제신문, 2020)

02

나 자신만이 내게 줄 수 있는 선물

고대 로마의 세네카는 '마음 다스림'에 주목한 스토아학파의 대표 철학자로 꼽힙니다. '분노의 포로'로 불린 네로 황제 통치 하에 살며 감정 파괴가 주변은 물론 자기 자신에게까지 얼마나 파멸적인 결과를 가져오는지 지켜본 결과입니다. 세네카는 "분노는 별 것 아닌 일에 엄청난 가치를 부여하는 일종의 광기"라며 다음과 같이 말했습니다.

"분노의 제1원인은 부당한 피해를 입었다는 생각이다. 이 생각을 그대로 믿어서는 안 된다. 더러는 거짓이 진리의 외양을 하고 나타나기 때문이다. 서두르지 말고 시간을 가져야 한다."

스토아학파의 계보를 잇는 마시모 피글리우치 뉴욕시립대학교 교수는 "누군가 내게 험담을 했다고 해서 그 말에 휘둘릴 필요가 없다"고 말합니다.

"상대방의 생각은 우리 뜻대로 할 수 있는 게 아니다. 통제할 수 없는 대상에 신경을 쓰면 스스로 타인의 노예가 되는 것과 같다."

마음을 단련하면 외부의 불행에 굴하지 않고 행복을 찾을 수 있다는 것입니다. 피글리우치는 "우리의 목표를 외부에서 내부로 옮겨야 한다"며 "직장생활도 마찬가지다. 승진이 목적이 아니라 그 자리에 가장 적합한 사람이 되고, 남에게 사랑받는 것이 아니라 스스로에게 최대한 사랑스러운 사람이 돼야 한다"고 일깨웁니다.

역시 스토아 철학을 공부한 포스텍 인문사회학부의 이진우 교수도 비슷한 당부를 합니다.

"과거는 결정돼 있지만 미래는 그렇지 않으므로 우리 삶에서 운명과 자유의 균형을 이뤄내야 한다."

이 교수는 "스스로 통제할 수 없는 것은 우리를 속박하는 운명이 되고, 통제할 수 있는 것은 자유로운 삶의 자원이 된다"고 강조합니다. 스토아 철학자였던 에픽테토스가 말한 "자유는 단순히 인간으로서의 권리나 정치적 권리가 아니다. 내적 성찰의 산물이자 오로지 우리 자신만이 스스로에게 줄 수 있는 선물이다"라는 통찰을 잇는 얘기입니다.

미국의 라이트주립대학교 윌리엄 B. 어빈 교수는 평정심을 통해 말할 수 없이 큰 고난을 이겨낸 사람들의 사례를 다음과 같이 소개합니다.

"신체 능력이 점점 사라지는 가운데서도 삶의 의욕을 놓지 않은 루 게릭, 심각한 성폭력 상해를 당하고도 평범한 일상을 회복한 앨리슨 보타, 식물인간 상태에서도 왼쪽 눈을 이용해 책을 쓴 장 도미니크 보비… 그들은 절망하거나 포기하는 대신 자신이 할 수 있는 것에 집중했고, 단단하게 회복력 있는 사람으로 살아갔다."

스토아 철학은 한마디로 "지금의 고통에서 벗어날 수 있게 해주는 것은 고통에서 벗어날 다른 장소가 아니라 당신이 다른 사람이 되는 것"이라고 강조합니다.

미국의 작가 조지 브래들리가 요약한 '스토아적인 삶을 이끄는 말들' 몇 가지를 소개합니다.

"죽음을 두려워할 게 아니라 진정한 삶을 시작하지 못하는 것을 두려워해야 한다." "노력하지 않을 때 당신의 재능은 발휘되지 않은 잠재력일 뿐이다." "자신에 대해 우선 검사의 역할을, 이어서 판사, 마지막으로 변호사의 역할을 하라. 때로는 자신에게 가혹해야 한다."

마시모 피글리우치, 방진이 옮김, 《가장 단호한 행복》(다른, 2020)

03

습관의 덫, 습관의 힘

미국 배우 필립 시모어 호프먼은 매력적이고 탁월한 연기로 호평받은 세계적인 연기자였습니다. 대학 시절 약물과 알코올을 남용했지만 치료 프로그램을 통해 20년 넘게 술과 약물을 멀리했습니다. 그러다가 2013년 개인적인 문제로 중독이 재발했고, 더 깊은 덫에 빠졌습니다. 약물 중독 치료에 다시 매달렸지만 1년도 되지 않아 헤로인, 코카인, 암페타민 등 여러 약물을 과다 복용해 결국 목숨을 잃고 말았습니다.

호프먼뿐이 아닙니다. 많은 사람들이 다이어트, 운동, 금주, 금연 등을 매번 결심하면서 '더 나은 삶'을 꿈꾸지만 대부분 실패를 되풀이합니다. 미국의 심리학자 러셀 폴드랙은 인간의 수많은 판단과 행동을 이끌어내는 습관이 어떻게 형성되는가와 나쁜 습관을 어떻게 극복할 것인가를 탐구해온 대표적 인물입니다. 그는 "한번 몸에 밴 습관은 평생토록 삶에 지대한 영향을 미친다"며 '습관 관리'의 중요성을 강조합니다.

듀크대학교에서 1972~73년에 태어난 1,000명 이상의 아이들을 장기간 연구한 결과는 습관의 중요성을 단적으로 보여줍니다.

"더 잘 참고 기다리며 짜증을 적게 내는 자제력 높은 아이들이 성인이 된 뒤에도 경제적으로 성공하고, 건강하며, 약물이나 알코올 문제에 빠질 위험이 적은 것으로 나타났다."

높은 자제력이 어린 나이부터 흡연, 학교 중퇴 등 바람직하지 않은 결과에 휘말릴 가능성을 줄였기 때문입니다. 충동에 휘둘리는 습관은 대부분 '동물 본능'에 기인하므로 합리적 경제 행위에도 걸림돌이 되었습니다.

"눈앞의 20달러와 두 달 뒤의 30달러를 선택해야 할 경우, 많은 사람들이 경제 이론상 합리적 선택인 '지연된 보상'보다는 충동에 따라 '즉각적인 이익'을 중시하는 양태를 보인다."

충동을 억누르는 것에 약할수록 기분에 좌우되고, 의도한 계획을 끝까지 완수하지 못하며, 사전 준비를 소홀히 하는 경향이 강하다는 것입니다.

러셀은 자제력이 높은 사람들은 충동을 잘 억제한다기보다 자제력을 발휘해야 하는 상황을 피하는 데 능숙하다며 다음과 같이 말합니다.

"자제력 높은 사람들이 운동을 더욱 많이 하고, 더욱 건강한 간식을 섭취한다. 이들에게 운동과 건강한 식습관은 습관적 행동에 가까운 자동적으로 행해지는 일이다."

즉 좋은 습관을 들이는 것입니다. 러셀은 나쁜 습관을 새로운 습관으로 덮는 것도 자제력을 키우는 한 가지 방법이라고 말합니다.

"게임 중독에 빠진 아이를 위해서는 다그칠 것이 아니라 운동이나 클럽활동 같은 새로운 즐거움을 경험하도록 할 필요가 있다. 마시멜로를 뚫어지게 쳐다보며 먹지 않겠다고 다짐하는 아이들보다 그 시간에 그림놀이에 빠진 아이들이 마시멜로 테스트의 15분을 더 잘 참아낼 수 있었다."

자제력이나 의지 부족을 탓하기만 할 것이 아니라 감각, 자극, 상황 자체를 바꾸려는 노력이 필요하다는 것입니다.

단지 자신의 의지에 의존하는 것만으로 인생을 변화시킬 수는 없습니다. 습관적인 행동을 유발하는 요인을 제거하고, 새로운 환경을 조성하며, 좋은 습관을 만드는 장치들을 생활 곳곳에 심어놓아야 합니다.

"충동을 통제하는 법을 배우는 것이야말로 제대로 된 성인으로 살아가는 가장 중요한 요소 가운데 하나다."

러셀의 일깨움입니다.

러셀 폴드랙, 신솔잎 옮김, 《습관의 알고리즘》(비즈니스북스, 2022)

‖ 04 ‖

현명한 감정 사용법

평범했던 중학생이 갑자기 절망, 분노의 감정에 사로잡히면서 폭식증에 걸렸습니다. 친구들과의 관계가 끊어졌고 성적도 뚝 떨어졌습니다. 이웃 주민으로부터 성적 학대를 당한 뒤였습니다. 끔찍한 경험이 그를 극도의 감정 불안정 상태에 빠지게 한 것입니다. 부모는 지켜보기만 할 뿐 어떻게 해야 할지 몰랐습니다. 그를 구원해낸 것은 다름 아닌 삼촌이 그에게 던진 "마크, 오늘 기분이 어때?"라는 질문이었습니다.

예일대학교 마크 브래킷 교수는 청소년 시절 자신이 겪은 고난을 승화시켜 '감정과학'을 개척한 선구적 학자입니다.

"그때 삼촌이 내가 어떤 감정을 느끼고 있는지 공감과 경청의 태도로 들어주지 않았다면 내 인생은 끔찍해졌을 것이다."

삼촌 덕분에 자신의 감정을 있는 그대로 받아들이고 다스릴 수 있게 되었다는 것입니다.

브래킷 교수는 많은 사람들이 감정을 감추는 데 급급해한다며 "성공하고 행복해지기 위해서는 감정을 현명하게 사용해야 한다"고 말합니다.

"두려움, 소외감, 분노 같은 부정적 감정을 느끼는 것은 잘못이 아니다. 기쁨, 유쾌함, 활발함 같은 긍정적 감정으로 일상이 가득 차야만 한다는 생각은 착각이다."

우리가 느끼는 복잡하고 다양한 감정을 있는 그대로 인식하는 (Recognizing) 것이 무엇보다도 중요합니다. 그 감정을 정확하게 이해 하고(Understanding), 구체적인 이름을 붙이는(Labeling) 과정을 거칠 것 을 브래킷 교수는 제안합니다. 감정을 솔직하게 표현하고(Expressing), 건전하고 건강한 방식으로 조절할(Regulating) 수 있어야 서로 바람 직한 방향으로 소통하는 관계와 사회를 만들 수 있다는 것입니다.

브래킷 교수는 이렇게 다섯 단계로 이뤄진 '룰러(RULER) 기법' 을 제안한 뒤 그것을 잘 활용하기 위한 다섯 가지 '감정 조절 방법' 을 다음과 같이 소개합니다.

① 심호흡으로 심장박동수를 줄여 스트레스 반응체계를 줄여주 는 '마음 챙김 호흡'.
② 앞으로 닥칠 상황에 어떤 기분이 들지 생각해 감정의 영향을

바꾸는 '전망하기'.

③ 감정을 자극하는 원인으로부터 '주의 돌리기'.

④ 감정적 경험을 유발한 원인을 재해석하는 '인지 재구조화'.

⑤ 감정을 전환하고 잠시 멈출 여유를 갖는 행위인 '메타 순간'.

브래킷 교수는 감정을 자유롭게 표현하도록 허용하되 '실패해도 괜찮다'는 여지를 자신에게 주는 것도 중요하다며 "실패한 뒤에는 다시 시도하면 된다. 한두 번 깊게 호흡하고 최고의 자아를 떠올리고, 첫 단계부터 다시 시작하자"고 강조합니다. 그런 순간에는 다른 사람에게 하듯 자신을 용서하는 용기도 필요하다고 말합니다.

"용기란 시도했던 모든 방법이 실패했을 때 전문적인 도움을 구한다는 의미이기도 하다."

직장에서 각자의 나약함을 인정하고 서로 감정을 더 많이 표현하는 것은 회사 분위기를 개선하고 최고의 인재를 끌어들이는 방법입니다. 그만큼 감정 표현과 감정의 교류가 중요합니다. 제너럴 일렉트릭의 전설적인 CEO 잭 웰치 역시 이렇게 말했습니다.

"감성지능을 가진 사람은 학교 성적이 좋은 사람보다 훨씬 드물지만 실제로 훌륭한 리더를 만드는 건 감성지능이다. 이를 절대로 무시해서는 안 된다."

마크 브래킷, 임지연 옮김, 《감정의 발견》(북라이프, 2020)

05

의심하고 또 의심하라

애플의 최고경영자 스티브 잡스는 신제품 아이팟이 전 세계적인 성공을 거두자 크게 고무됐습니다. 회사 내에서 '휴대폰 기능을 갖춘 제품을 후속 작품으로 내놓자'는 의견이 제기됐지만 반대했습니다. 휴대폰 출시가 아이팟 사업을 망칠 것 같았고, 통신사들이 걸어놓은 제한에 묶인 채 제품을 설계하고 싶지도 않았습니다. 사적인 자리는 물론 공식 석상에서도 "절대로 휴대폰은 만들지 않겠다"고 여러 차례 공언했습니다.

그러던 어느 날, 엔지니어들이 그를 설득하며 던진 말이 그를 깨어나게 했습니다.

"당신은 지금 뭔가를 알지 못한다는 사실을 모르는 상태이므로 당신이 확신하는 것들을 제발 의심해보십시오."

미국의 펜실베이니아대학교 와튼 스쿨의 조직심리학 교수인 애덤 그랜트는 "지금까지 갖고 있던 모든 믿음과 지식에 대해 다시 생각해보고 또 의심하라"고 강조합니다.

"치열하게 모든 것을 의심하고 부정해야 더 높은 창조성에 이를 수 있다."

그랜트 교수는 대부분의 인간이 '인지적 게으름'에 빠져 있다고 진단했습니다.

"사람들은 새로운 걸 붙잡고 어렵게 쩔쩔매기보다는 기존의 의견이나 생각에 안주하기 손쉬운 쪽을 자주 선택한다."

인지적 게으름이 얼마나 위험한지를 보여주는 사례가 있습니다. 미국의 병원에서 환자 사망률이 가장 높은 때는 새로운 레지던트들이 부임해서 진료를 보기 시작하는 6월이라고 합니다. 신참 의사들의 능력 부족이 아니라 자기 능력을 과대평가하는 이들의 사고방식이 원인입니다.

"사람은 경험이 쌓이면서 겸손함을 잃는다."

'정신적 유연성'을 길러야 이런 재앙에서 벗어날 수 있습니다. 그랜트 교수는 이를 위한 두 가지 기술로 '다시 생각하기'와 '의심하기'를 꼽습니다. 이렇게 마음을 열어놓아야 협상에서도 엄청난 차이를 만들어낼 수 있습니다. 유연성이 떨어지는 사람은 기대되는 합의 내용을 따로 살피거나 챙기지 않고 오로지 '전투 준비'만 열심히 하지만 전문협상가는 다릅니다.

"상대방과 밟아나갈 수도 있는 일련의 단계와 순서를 미리 정리한다. 전체 협상 계획의 3분의 1을 상대방과 합의할 수 있는 내용을 찾는 데 할애한다."

분쟁을 '의견 불일치'가 아니라 '토론'으로 규정하는 것도 정신적 유연성을 기르는 데는 물론 업무 성과를 높이는 데도 큰 도움을 줍니다.

"자신이 동의하지 않는 의견을 충분히 고려해서 마음을 바꿀 수도 있다는 신호로 상대방이 받아들이며 이것은 상대방이 더 많은 정보를 제공하도록 동기를 부여한다."

이런 역량을 키우기 위해 필요한 것이 있습니다. 스스로와 상대방에게 늘 이렇게 묻는 것입니다.

"당신은 그 사실을 어떻게 아는가?"

이 질문의 힘은 그것이 요구하는 솔직함에 있습니다. 개인적인 판단을 피하게 해주는 질문이기도 합니다. 사람을 방어적으로 몰아세우지 않는 의심과 호기심의 솔직한 표현입니다. 이런 방식으로 본인은 물론 다른 사람의 생각에도 유연성을 길러줘야 진정한 리더라고 그랜트 교수는 말합니다.

"좋은 교사는 새로운 생각으로 인도하지만 위대한 교사는 새롭게 생각하는 방식으로 인도한다."

애덤 그랜트, 이경식 옮김, 《싱크 어게인》(한국경제신문, 2021)

06

90초만 견디세요

우리 인생에 꼭 필요한 것임에도 제대로 배우지 못하는 게 많습니다. 감정 처리, 특히 부정적인 감정에 대처하는 방법도 그 가운데 하나입니다. 대부분의 사람들은 불편하거나 불쾌한 감정과 맞닥뜨리면 그냥 폭발하거나 일단 피하려고 합니다. 미국의 임상심리학자 조앤 로젠버그 박사는 "불쾌감의 수명은 단 90초에 불과하다"며 굴복하거나 피하지 말고 당당히 맞서라고 조언합니다. "감정으로부터 도망치지 말아야 원하는 삶을 살아갈 수 있다"는 것입니다.

그는 인간의 삶 속 불쾌한 감정들을 슬픔, 수치심, 무력감, 분노, 당혹감, 실망, 좌절, 취약성 등 여덟 가지로 구분합니다. 이들 감정의 생화학적 수명은 처음 촉발된 시점부터 따져 약 90초에 불과하다며 다음과 같이 말합니다.

"파도처럼 밀려왔다 밀려가는 감정을 온전히 맞닥뜨리고 현명하게 극복해나갈 수 있다면 당신은 인생에서 원하는 것을 무엇이든 추구할 수 있다."

불편한 감정의 수명이 이렇게 짧은 데는 이유가 있습니다.

"생리학적으로 우리 몸은 흥분 상태를 오래 유지할 수 없다. 우리 몸은 평소 상태인 항상성(恒常性)을 유지하는 것을 선호하므로 최대한 빨리 기준점으로 돌아가려고 한다."

신체가 통제 기능을 되찾을 때까지 신체적인 감각을 참으면 불편한 감정을 극복할 수 있다는 것입니다.

로젠버그 박사는 이를 바탕으로 '90초 감정 접근법'을 개발했습니다.

"우선 자신의 감정과 생각, 신체적 감각을 충분히 느끼겠다고 결심하고, 90초간 이어지는 신체적 감각의 파도를 타면서 극복해야 한다."

감정을 조절할 수 있게 되면 목적을 명확히 하고 목표를 달성하기 위해 직관에 따라 구체적으로 행동에 나설 수 있게 된다는 것입니다.

"인생이 전개되는 방식을 스스로 제어할 수 있다."

이렇게 하는 것이 물론 쉬운 일은 아닙니다. 대부분의 사람들에게 '경험적 회피'가 작동하기 때문입니다. 눈앞의 힘든 현실에서 당장 도망치고 싶은 마음에 '자신의 삶을 보호하거나 개선하는 데 도움이 되는 정보'를 모두 차단하는 것이 경험적 회피입니다.

"진정한 인생 경험을 외면한 채 다른 데 정신을 팔면 진짜 자신과 단절돼 공허감, 마비된 느낌, 정신적 기능 저하를 겪을 수 있다."

이런 감정으로부터 도망치지 않는 게 관건입니다. 부정적인 감정을 피하려고만 하는 사고방식이 자신감과 진정성을 유지하는 데 가장 큰 장애물이 되기 때문입니다. 이 장애물은 불안감이나 혹독한 자기비판, 다른 사람의 생각에 대한 걱정 등 각종 문제를 불러일으키는 핵심 요인으로 작용합니다. 로젠버그 박사는 말합니다.

"자신이 겪는 고통을 똑바로 직시할수록 더 유능한 사람이 된다. 회복력이 뛰어난 사람으로 거듭나기 위해서는 변화에 대한 열린 자세, 고통을 긍정적으로 승화하는 태도가 필요하다."

또한 그는 사람은 누구나 자신이 좋아하는 삶, 자신감 넘치고 감정적으로 강인하며 열정적이고 목표 지향적이며 회복력이 뛰어난 삶을 살아갈 능력이 충분히 있다고 주장합니다. 다만 그 과정에서 삶의 모든 부분을 포용해야 한다고 말합니다. '형편없고 지저분하며 예상치 못한 불쾌한 경험'까지 전부 다 말입니다.

"인생의 도전에 대처할 힘을 기르려면 자신의 감정을 있는 그대로 정직하게 경험해야 한다."

조앤 I. 로젠버그, 박선령 옮김, 《인생을 바꾸는 90초》(한국경제신문, 2020)

07

우리가 불안감에 힘들어하는 이유

"당신의 동의 없이는 그 누구도 당신에게 열등감을 느끼게 할 수 없다."

미국 32대 대통령 부인이었던 엘리너 루스벨트가 남긴 말입니다. 처절하고 치열했던 그의 일생이 녹아 있는 명언입니다. 그는 열 살에 부모님을 여의고 외할머니 밑에서 가혹한 말을 들으며 자랐습니다. 먼 친척이었던 프랭클린 루스벨트와 결혼하고 난 뒤에는 남편과 시어머니로부터 업신여김을 당했습니다.

남편이 바람까지 피우면서 마음의 상처가 더 심해졌습니다. 끝없는 고난과 역경을 이겨낸 것은 스스로 떠올리고, 다듬고, 가슴 깊이 새긴 좌우명 덕분이었습니다. 그는 남편이 세상을 떠난 뒤인 1945년 유엔 주재 미국 대표로 임명돼 8년이나 활약했고, 세계인

권선언을 기초(起草)하는 등 여성 사회운동가로서 큰 자취를 남겼습니다.

미국의 방송인 호다 코트비와 제인 로렌치니가 365가지 명언을 추려서 엮은 《오늘 나에게 정말 필요했던 말》에 나오는 내용입니다. 코트비와 로렌치니는 고달픈 세상을 살아가는 사람들에게 용기와 희망을 주는 어록을 찾아내어 사람들에게 공감과 위로, 새롭게 살아갈 힘을 주는 금언집을 펴냈습니다.

"아무리 많은 죄책감도 과거를 바꿀 수 없고, 아무리 큰 걱정도 미래를 바꿀 수 없다"는 우마르 이븐 알 카타브(이슬람교 2대 칼리파)의 말은 우리에게 중요한 것은 '오늘'임을 일깨워줍니다.

"과거로 당신을 정의하지 마라. 과거는 교훈일 뿐 종신형 선고가 아니다."

하도 잘 웃어서 '웃는 목사'라는 별명으로 유명한 미국 레그우드 교회의 조엘 오스틴 목사는 "행복하길 원한다면 의도적으로 행복해야 한다"고 말합니다.

"아침에 일어났을 때 어떤 하루가 될지 기다리지 말고, 어떤 하루를 살지 결정하라."

힘든 순간을 겪는 사람에게는 "곤경은 평범한 사람들이 특별한 운명을 맞이하도록 준비하게 한다"는 《나니아 연대기》의 한 구절이 일깨움을 줄 수 있을 듯합니다.

"우리가 불안감에 힘들어하는 이유는 다른 사람의 최고 장면과 자신의 무대 뒷 모습을 비교하기 때문이다"라는 스티븐 퍼틱 목사의 통찰은 상처받은 마음을 어루만져 줍니다.

코트비와 로렌치니는 이런 명언을 찾아내면서 갖는 느낌을 누군가가 "내가 당신과 함께 있어요"라고 다정하게 말하며 손을 잡아 주는 것 같다고 말합니다.

"좋은 명언을 읽으면 누군가가 느꼈던 감정을 이해하면서 나도 그와 똑같이 길을 잃었고, 외롭고, 슬프고, 벽에 부딪혀 있음을 깨닫고 이런 감정을 느끼는 사람이 나 혼자가 아니라는 생각에 기운이 난다."

그들의 금언집에는 이 모든 성찰을 요약한 말이 있습니다.

"당신에겐 이미 날개가 있다. 날기만 하면 된다. 나는 모든 사람이 날개를 가지고 태어났다고 믿는다. 단지 그걸 제대로 쓰기 위해 연습하는 시간이 좀 걸릴 뿐이다."

그네에서 처음으로 휙 하고 뛰어내렸을 때, 부모님이 자전거에서 손을 떼는 순간 페달을 마구 밟았을 때 우리는 정말로 날았다는 것입니다.

"우리에게 쭉 날개가 있었단 사실을 잊지 말자."

호다 코트비·제인 로렌치니, 김미란 옮김, 《오늘 나에게 정말 필요했던 말》(한국경제신문, 2020)

‖ 08 ‖

나는 내게 '좋은 사람'인가

왼지 모르게 마음이 답답하고 울적한 날이 있습니다. 힘들거나 지치는 일이 있었던 것도 아닌데 마음이 가라앉고, 그런 모습이 스스로에게도 낯설 때가 있습니다. 그런 날에는 가까운 누군가의 위로나 응원도 큰 도움이 되지 않습니다. 내 마음을 나도 모르겠다는 생각이 든다면 '내 마음에 귀 기울여야 할 순간'이라는 신호라고 전문가들은 말합니다.

작가 투에고는 최근 자신의 저서 《그때의 나에게 해주고 싶은 이야기》에서 우리가 자기 자신과 얼마나 대화를 나누며 살고 있는지 돌아볼 필요가 있다고 말합니다.

"남의 눈에 비치는 대로, 남이 판단하는 대로 살아가면 안 된다. 나는 어떤 사람인지, 나는 어떤 사람이 되고 싶은지 '내 마음'에 먼저 물어봐야 한다."

투에고는 자아(自我)에 충만해야 당당한 삶을 살 수 있음을 화가 파블로 피카소의 일화를 통해 일깨워줍니다.

"한 여인이 레스토랑에 앉아 있던 피카소에게 다가와 냅킨에 무엇이든 좋으니 그려달라고 부탁했다. 그러고는 적절한 대가를 치르겠다고 했다. 피카소는 쓱싹 그림을 그려준 다음 1만 달러를 요구했다. 여인이 '불과 30초 만에 그렸잖아요'라며 항의하자 '나는 이 실력을 얻기까지 40년이 걸렸습니다'라고 말했다."

삼성서울병원의 정신건강의학과 전홍진 교수는 예민한 성격을 단점이 아닌 장점으로 승화시켜 성공한 사람들의 공통점으로 '치열한 성찰'을 꼽습니다.

"스티브 잡스와 윈스턴 처칠, 아이작 뉴턴, 로베르트 슈만은 매우 예민한 성격을 지녔지만 그 예민함을 잘 다스려 디자인과 과학, 음악 등에서 커다란 성과를 거뒀다."

《좋은 사람에게만 좋은 사람이면 돼》의 김재식 작가는 "타인에게 좋은 사람이 되기 위해 애쓰기보다 스스로를 돌보는 일이 중요하다"고 말합니다. "누구에게나 사랑받을 수는 없고, 100퍼센트 좋은 관계를 만들 수도 없다"는 것입니다.

"우리는 다른 사람에게 시간과 정성을 쏟는 것만큼 자기 자신을 위해서는 크게 애쓰지 않는다. 그 누구보다 자기 자신에게 먼저 좋은 사람이 돼야 한다는 당연한 사실을 간과하는 것이다. 내가 나의 소중함을 알 때 다른 사람에게도 존중받을 수 있다."

《나는 나로 살기로 했다》의 김수현 작가는 한국어에만 있는 표현의 단어인 '눈치'를 극복해야 할 과제로 제시합니다.

"우리는 자신을 특별하게 생각하고 자신의 감정을 존중하도록 교육받기보다는 타인의 생각과 감정에 더욱 주의를 기울이도록 교육받았다. 영어에는 대응할 단어조차 없는 '눈치'가 한국인은 유난히 발달한 것도, 서양인이 보기에는 자기 비하에 가까운 겸손도 이런 문화에서 나온다."

또한 자신과 남을 비교하는 것의 위험성도 다음과 같이 경고합니다.

"돈 많고 잘나가는 타인의 SNS를 훔쳐보며 비참해질 필요 없고, 스스로에게 변명하고 모두에게 이해받으려고 애쓸 필요도 없다. 밥벌이 때문에 참는 '을'이 된 것에 자책하지 말고, 타인의 삶과 나를 비교하지 말자. 또한 그들과 내가 다르다고 함부로 평가하거나 부끄러워하지 말자."

투에고, 《그때의 나에게 해주고 싶은 이야기》(한국경제신문, 2020)
김재식, 《좋은 사람에게만 좋은 사람이면 돼》(위즈덤하우스, 2020)
김수현, 《나는 나로 살기로 했다》(마음의숲, 2016)

09

고독과 외로움의 차이

미국의 뉴잉글랜드에 사는 제임스는 건강하고 행복한 사람이었습니다. 동네 단골손님들과 활발하게 어울렸고 친구도 많았습니다. 그러던 그가 복권 당첨으로 거액을 손에 쥐게 되자 '근사하게 살아봐야겠다'는 생각이 들었습니다. 직장을 그만두고 해안가 부촌으로 이사했습니다. 그러자 생전 앓지 않았던 당뇨병과 고혈압, 비만 질환이 한꺼번에 찾아왔습니다.

미국의 공중보건위생국장을 지낸 비벡 머시 전 하버드대학교 의과대학 교수는 "외로움은 우울증이나 수면의 질 저하, 중독과 같은 문제뿐만 아니라 신체적 질환과도 깊게 연관돼 있다"고 말합니다. 인간이 진화 과정에서 살아남기 위한 생존 방식으로 사회성을 선택한 결과라는 것입니다.

"사회적 관계가 부족해질 때 뿌리 깊은 생화학적 경고의 신호로 찾아오는 것이 외로움이다."

전문가들의 흥미로운 실험 결과를 소개하기도 했습니다.

"다 같이 모인 방 안에서 어느 순간 사람들이 자신만 배제하고 아는 이야기를 시작한다. 이런 상황에 놓이면 누구에게나 '사람들이 나를 일부러 따돌리고 있다'는 생각이 주입된다."

이때 뇌를 fMRI(기능적 자기공명영상)로 찍으면 우리가 뺨을 맞았을 때와 같은 영역이 환해진다는 사실이 발견된 것입니다.

"우리는 소외감을 느끼는 순간 누군가로부터 뺨을 맞은 것처럼 몸을 움츠린다."

머시 교수에 따르면 '외로움(loneliness)'과 '고독(solitude)'은 다릅니다. 고독은 평화롭게 혼자 있거나 자발적으로 고립을 택한 상황이지만 외로움은 원치 않는 불행과 감정의 고통을 수반합니다.

"고독은 자신을 돌아보는 기회를 주지만 외로움은 각종 질병을 몰고 오는 절망이다."

외로움으로 인한 질병은 일반적인 신체 질환보다 더 좋지 않은 결과를 가져올 수도 있습니다.

"외로움이 삶에 아픈 구멍을 남길 때 사람들은 고통을 마취시키기 위해 술과 마약, 폭력에 빠지기 쉽다."

외로움은 환자의 치료 의지를 꺾고, 가족관계를 더 큰 파탄으로 몰고 가기까지 합니다.

"외로움이란 나약한 사람들이나 겪는 단순한 감정이라는 편견이 외로움을 더욱 부추겨 사람을 어둠 속에 가둬버린다."

머시 교수는 외로움과 폭력은 '남매 사이'라며 "사람들은 자신이 거부당했다는 기분을 느끼는 순간 상대방에게 맹렬히 분노하거나 폭력성을 드러내는 경향이 있다. 사회적으로 큰 충격을 준 집단 총기난사범에서부터 연쇄살인범까지 사건의 배경을 조사한 결과 외로움에 의한 범행의 증거가 드러났다"고 말했습니다.

안타깝게도 외로움은 신체적인 질병과 달리 겉으로 드러나거나 진단되지 않습니다. '대화'를 통해서만 발견되고 치유도 될 수 있습니다. 머시 교수는 "외로움이라는 병을 고치려면 연결과 소통, 공감을 늘리면 된다. 자신의 아픔을 드러내는 대화도 필요하다"고 조언합니다. 단, SNS 등을 통한 온라인 대화로는 해결이 안 된다고 말합니다.

"온라인에서는 우리의 진짜 모습이나 취약성을 드러내기 힘들다. 오프라인을 통해 접촉하고 의미 있는 대화를 나눠야 한다."

비벡 H. 머시, 이주영 옮김, 《우리는 다시 연결되어야 한다》(한국경제신문, 2020)

‖ 10 ‖

사회적 지위는 몸에 새겨진다

꽃게는 바다를 거슬러 헤엄을 칠 정도로 힘이 셉니다. 그런데도 노련한 어부는 잡은 꽃게들을 걱정 없이 바구니에 담습니다. 어떤 게든 바구니를 탈출하려고 기어오르면 다른 게가 다리를 붙잡아 끌어내리기 때문입니다. 좁은 식견으로 남을 방해하고 자신은 도전조차 하지 않는 심리를 학자들이 '게 심보(crab mentality)'라고 부르는 이유입니다.

사람이라면 누구에게나 숨어 있는 본성의 일부이지만 걱정할 필요는 없습니다. 독일의 컨설턴트 도리스 메르틴은 "세상에 이미 정해진 것은 없다. 어떤 게가 될 지는 자신의 선택에 달렸다"고 일깨웁니다. 타고난 본성은 어쩔 수 없지만 치열한 노력을 통해 생각과 행동양식을 바꿀 수 있기 때문입니다.

프랑스의 철학자 피에르 부르디외가 주창한 '아비투스(habitus: 사회문화적 환경에 의해 결정되는 제2의 본성)'를 새롭게 하면 됩니다.

"내가 속한 계층, 내가 만나는 사람, 내가 즐기는 취미, 내가 해내는 모든 과제가 나의 아비투스를 만든다. 습관보다 근본적 개념인 아비투스를 바꿔야 진정으로 원하는 삶을 살 수 있다."

아비투스는 사소한 차이로부터 결정됩니다.

"딸이 다쳤을 때 태연하게 반응하는 아버지의 태도는 차가운 양육 방식이 아니라 딸의 회복탄력성을 길러 주고자 하는 상류층의 아비투스다."

딸은 아버지의 태연한 태도를 통해 '모든 시련은 별 게 아니며 어떤 상황에서든 비극적일 필요가 없다'는 사실을 배웁니다.

"빛나는 금시계, 화려한 외제차로 과시하는 대신 은은한 문화적 취향으로 품격을 드러내는 태도 또한 성공하는 이들의 아비투스로 기능한다."

나를 '좀 더 나은 나'로 만드는 방법으로서의 아비투스는 일곱 가지 자본을 통해 길러진다고 합니다. 돈만이 자본은 아닙니다. 부르디외는 심리, 문화, 지식, 경제, 신체, 언어, 사회를 일곱 가지 자본으로 꼽았습니다.

"인맥도 자본이다. 교육, 관계 맺는 방식, 미적 감각, 적합한 목소리 톤, 당당한 자세도 자본이다. 무엇보다 낙관주의와 안정적인 정신도 자본이다."

이렇게 높은 아비투스를 고루 갖춘 사람을 표현하는 말에 대해 메르틴은 말합니다.

"누군가에 대해 '그 사람은 급이 다르다'고 말할 때 돈과 외모나 출신 배경을 뜻하는 경우는 드물다. '급'이란 그 인물의 마음의 크기, 즉 '그릇'을 가리킨다."

그리고 그 '급'은 예기치 못한 상황과 마주쳤을 때 나타나는 태도로 확인됩니다.

"불치병에 걸렸음에도 기쁘게 살아가는 뇌종양 환자, 자신의 어리석은 잘못을 인정하고 자리에서 스스로 물러나는 정치인, 다른 모든 선수가 체념했더라도 마지막까지 최선을 다해 결승골을 넣는 축구선수가 그런 예다."

부르디외는 아비투스를 "뇌뿐만 아니라 주름, 몸짓, 말투, 억양, 발음, 버릇 등 우리를 나타내는 모든 것에 기록된 몸의 역사"라고 표현했습니다. 사람의 사회적 지위는 몸에 새겨진다는 것입니다.

"신체는 우리의 삶과 성장 배경을 펜트하우스, 포르셰, 유명인 친구보다 더 명확하게 드러낸다."

도리스 메르틴, 배명자 옮김,《아비투스》(다산초당, 2020)

‖ 11 ‖

재미있고 멋있게 나이 드는 법

"가마이 보니까 시가 참 만타/ 여기도 시/ 저기도 시/ 시가 천지뻬
까리다."

경상도 칠곡에 사는 할머니가 쓴 시(詩)입니다. '가마이'는 '가만
히', '천지뻬까리'는 '많다, 넓은 범위로 널려 있다'는 뜻의 경상도
사투리입니다. 80, 90살이 넘도록 글을 읽을 줄 몰랐던 할머니들이
뒤늦게 한글을 깨우치고 난 뒤 삶에 엄청난 변화가 찾아왔습니다.
'천지뻬까리'로 널린 건 시뿐만이 아니었습니다. 예전에 몰랐던 '사
는 재미'를 곳곳에서 찾아냈습니다.

영화 〈칠곡 가시나들〉로 화제를 모은 김재환 감독은 영화를 찍
으면서 만난 할머니들에게서 큰 깨달음을 얻었다고 말합니다.

"이분들은 왜 이리 생기가 넘치고 즐거울까? 나이가 들어 많이

쇠약해진 팔구십 대 할머니들인데 기운도 팔팔하고 서로 모였다 하면 소녀처럼 시도 때도 없이 까르르 웃는다."

김 감독이 찾아낸 비결은 '설렘'이었습니다.

"칠곡 할머니들은 오늘의 일용할 양식이 아니라 오늘의 일용할 설렘을 찾아다니며 계속 이동하는 할머니들이었다. 하루하루 설레는 삶을 산다면 나이 드는 게 무슨 대수일까."

단조로웠던 할머니들의 일상에 눈에 띄는 변화를 몰고 온 것은 '한글'이었습니다.

가난해서, 여자라는 이유로 한글을 배우지 못했던 칠곡 할머니들은 문해학교의 학생이 되면서 '설렘'이라는 감정에 매일같이 흠뻑 빠지기 시작했습니다.

"고마 사는 기, 배우는 기 와 이리 재밌노!" 인생 팔십 줄에 글을 깨친 할머니들이 쓴 시들은 읽어가는 내내 가슴 찡하고, 가슴 아리게도 하고, 벅찬 감동과 웃음을 안겨 주기도 합니다.

"국수를 보마/ 시어른 생각이 난다/ 워낙 국수만 찾으셔서/ 반죽해 국수 만들기 선수가 됐다/ 국수 밀 듯 공부를 했으마/ 선생님 됐을 긴데/ 나는 지긋지긋해 요즘도 국수는 안 먹는다."

"평생 돈을 벌지 않는 저 화상/ 가장인데 노력하지 않는 저 화상/ 술 먹고 놀기 좋아하는 저 화상/ 아이들과 추억이 없는 저 화상/ 어휴 저 화상/ 보기만 하면 자꾸 미워지는 저 화상/ (중략) 그래도 어쩌나 저 화상/ 나 없으면 불쌍한 저 화상/ 남은 삶도 으르렁 같이 살아야지 저 화상."

가난과 차별의 서러움을 아름답고 멋진 시로 승화시킨 90대 할머니의 글은 코끝을 찡하게 합니다.

"우리 어매 딸 셋 낳아/ 분하다고 지은 내 이름 분한이/ 내가 정말 분한 건 글을 못 배운 것이지요/ 마흔서이에 혼자되고/ 쭈그렁 할머니가 되어/ 공부를 시작했어요/ 글자만 보면 어지러워/ 멀미가 났지만/ 배울수록 공부가 재미나요/ 구십에 글자를 배우니까/ 분한 마음이 몽땅 사라졌어요."

김재환, 《오지게 재밌게 나이듦》(북하우스, 2020)

‖ 12 ‖

분명하고 장기적인 목표를 가졌는가

미국의 시사주간지 《타임》이 2015년 "당신의 주의력 지속 시간은 금붕어보다 짧다"는 제목의 기사를 낸 적이 있습니다. 금붕어는 9초 동안 기억력을 지속할 수 있는 반면 사람은 8초가 지나면 집중했던 사물에 대한 흥미를 잃는 경우가 많다는 것입니다. 디지털화된 세상에 익숙해진 우리의 생활방식이 뇌에 큰 영향을 준 탓입니다. 마이크로소프트는 "인터넷이 발달하기 시작한 2000년부터 인간의 평균 주의력 지속 시간이 12초에서 8초로 떨어졌다"는 조사 결과를 내놓았습니다.

미국 하버드대학교 출신의 교육 전문가 세 명이 이런 한계를 딛고 집중력을 높이는 방법을 소개했습니다.

"집중하기 전에 감정부터 가라앉혀야 한다. 어떤 감정을 느끼는지 구체적으로 깨닫고 통제하라. 감정을 정리하고 우선순위에 맞게 시간을 효율적으로 활용하는 것이 중요하다."

하버드대학교 입학생들은 지능 수준과 가정환경이 각기 달랐지만 성적은 결국 집중력에 의해 갈렸다고 합니다.

그들은 감정을 가다듬고 집중력을 끌어올리려면 먼저 '주의력 주권(主權)'부터 되찾아야 한다고 말합니다.

"15초짜리 짧은 영상을 보는 데 익숙해진 사람이라면 두 시간짜리 자연 다큐멘터리에 흥미를 갖기 어렵다. '너무 느리군. 한 장면이 왜 이렇게 긴 거야!'라고 생각하기 십상이다."

자신의 주의력을 컨트롤할 수 없어 주도권을 넘겨버린다면 외부 자극에 조종당하는 꼭두각시로 전락하는 셈이라고 경고합니다.

한꺼번에 두 가지 이상의 일을 하는 '멀티태스킹(multi-tasking)'도 삼가는 게 좋다고 말합니다. 영국의 옥스퍼드 러닝(Oxford Learning) 사이트에는 "멀티태스킹은 아이의 주의력을 분산시키고 학습 능률을 떨어뜨린다"는 글이 있습니다.

"한 가지에만 집중해서 효율적으로 공부하면 모든 과제를 수행할 때 집중력을 키울 수 있다."

주의력과 집중력을 키우는 데 근본적으로 필요한 것은 뚜렷한 목표의식입니다. 하버드대학교가 어느 해의 졸업생들을 25년 간격으로 조사한 결과는 '인생 목표'를 갖는 것의 중요성을 새삼 일깨워줍니다.

"졸업 당시 인생 목표가 없는 학생이 27퍼센트, 모호한 목표를 가진 학생이 60퍼센트, 분명하고 단기적인 목표를 가진 학생은 10퍼센트였다. 분명하고 장기적인 목표를 가진 졸업생은 3퍼센트에 불과했다."

25년이 지나 이 졸업생들을 추적 조사한 결과 분명하고 장기적인 목표를 가졌던 3퍼센트의 졸업생들은 한 방향을 향해 부단히 노력했고, 대부분 사회에서 높은 지위에 올랐습니다. 관련 분야의 엘리트나 정계 지도자가 된 사람이 많았던 것입니다.

"분명하고 단기적인 목표를 가졌던 10퍼센트의 졸업생들은 대부분 각 업계에서 전문 인재가 됐고 사회적 위치도 중상위를 차지했지만 나머지는 성공한 비율이 확 떨어졌다."

교육 전문가 세 명은 확실한 목표는 학습 과정에서 자신의 시간과 에너지를 최대한 활용하게끔 이끌어 준다며 다음과 같이 조언합니다.

"효율을 극대화해야만 잠재력을 최대한으로 발휘할 수 있고, 가장 짧은 시간 안에 높은 수준의 많은 일을 완수할 수 있다."

장성난·단스충·왕즈신, 남명은 옮김, 《하버드 집중력 수업》(더봄, 2021)

13

왜 '그깟 일'에 화를 내는 걸까

"뭘 그런 걸 갖고 화를 내?"

작은 일에 흥분하거나 화를 내는 사람들에게 흔히 하는 얘기입니다. 당사자가 자신의 감정을 다스리기 위해 스스로 이런 말을 되뇌기도 합니다. 우리는 정말 '별 것 아닌 일'에 화를 내는 걸까요? 독일의 심리치료사인 에른스트프리트 하니슈와 에바 분더러는 '그렇지 않다'고 말합니다.

"양말을 아무 데나 던져놓는 남편, 나보다 늦게 온 사람들에게 먼저 주문을 받는 웨이터, 퉁명스러운 말투로 전화를 받는 친구 때문에 화가 치솟고 마음이 상하는 데는 이유가 있다."

두 전문가는 사소한 일에 찾아오는 격한 감정의 신호를 절대 놓쳐서는 안 된다며 다음과 같이 조언합니다.

"문득문득 몰려오는 불쾌한 기분을 떨쳐버리려고 애쓰지 말고, 그 안에 감춰진 진짜 원인을 찾아라. 그 원인은 과거 어딘가에 존재하며, 대부분 기억 속에서 거의 잊힌 경험의 층 아래에 감춰져 있다."

하니슈와 분더러는 그것을 '모기 뒤에 감춰진 거대한 코끼리'에 비유하고는 여러 연령대에서 중요한 욕구를 처리할 때 경험한 부정적 경험에 의해 생겨난다고 진단합니다.

"인간이 추구하는 견고한 유대관계, 인정과 존중, 동등한 대우와 공평함, 사랑, 안전, 호기심 같은 기본 욕구가 충족되지 않았거나 좌절됐을 때 흔적으로 남아 사소한 일에 반복적으로 분노를 일으킨다."

그들에 따르면 '모기 뒤에 숨은 코끼리'를 찾는 것은 자신의 흔적을 찾는 일이기도 합니다.

"어린 시절에 느꼈던 모욕감이나 좌절감, 억눌린 감정을 찾아내서 이해하고 화해해야 나 자신은 물론이고 다른 사람을 더 깊이 이해할 수 있게 된다."

사소하다고 생각하는 일로 평정심을 잃는 상황이 닥치면 '나에게 정말로 필요한 게 뭔가'를 물어야 하고, 그 대답은 '상처 입은 기억을 마음속에서 불러일으키는 일'이 되어야 한다는 얘기입니다.

하니슈와 분더러는 주로 다른 사람에 의해 삶이 결정될수록 아주 작은 언짢은 일에도 화가 치밀어 오르거나 모욕감을 느낄 위험이 높아진다며 "지금까지 자신을 억눌러온 모든 것을 밝혀낸다면 어떤 욕구가 지속적으로 충족되지 못했는지, 그 결과 어떤 약점이 생겼는지 알 수 있을 것이다"라고 말합니다.

그러기 위해서는 자기 일상과 내면을 제대로 들여다봐야 한다고 조언합니다.

"우리가 얼마나 많이 일하는지, 누구와 무엇을 하며 시간을 보내는지, 부득이한 일과 본인의 즐거움을 위해 얼마나 많은 시간을 할애하는지가 우리의 가치 체계와 욕구 체계를 반영한다."

억눌리고 상처받은 감정을 떨쳐내려면 "자신의 에너지를 본인이 진짜 원하는 곳에 적절히 분배해서 써야 한다"는 것이 두 전문가의 처방입니다.

"다른 사람의 눈치를 보느라, 평판을 걱정하느라 사람들에게 사랑받으려는 지상 목표를 위해 자신을 버려둔 채 살아가는 삶이 아니라 자신의 진짜 욕구를 찾고 그것을 자기 삶에 적용시켜 실현하며 살아가야 한다."

에른스트프리트 하니슈·에바 분더러, 김현정 옮김, 《모기 뒤에 숨은 코끼리》(한국경제신문, 2021)

14

'분노 감정'에 지지 않는 방법

우리는 살면서 수없이 분노의 순간을 만납니다. 출근길 전철이 미어터지는 것부터 짜증나고, 차를 탔더니 갈 길이 바쁜데 번번이 빨간 신호등이 발길을 붙잡습니다. 자동차 열쇠를 어디에 뒀는지 기억나지 않는 것, 마음에 들지 않는 정부 정책도 부아를 치밀게 합니다. 피곤을 잔뜩 안고 퇴근했는데 널브러진 집안 풍경이 신경을 거스르기도 합니다.

그런데 똑같은 상황에서 누군가는 마음 가는대로 화를 내는 반면 누군가는 감정을 잘 다스려서 이성적으로 해결하는 사람도 있습니다. 미국의 분노 감정 전문가 라이언 마틴은 "버럭 짜증을 내는 사람에게 '좀 느긋해질 필요가 있다'는 식의 조언은 큰 도움이 되지 못한다"고 말합니다.

"별수 없으니 그저 참으라는 것도 스트레스와 서글픔만 키울 뿐이다. 화가 난 이유를 파악해서 화가 증폭되는 지점이 어디인지 알아야 효과적으로 대처할 수 있다."

그에 따르면 화를 잘 내는 사람들은 '분노를 유발하는 다섯 가지의 특정한 사고방식'에 갇혀 있다고 합니다.

① 과잉 일반화: 사건을 지나치게 일반화해 받아들이는 사고방식입니다. "그 사람은 항상 그래" "그건 절대 안 돼"처럼 '항상' '절대' '툭하면' '모두' 같은 단어를 자주 씁니다.

② 당위적 요구: 내 입장을 다른 사람보다 항상 앞에 두는 사고방식입니다. '뭘 저렇게 꾸물거려. 저럴 거면 운전을 말아야지'라는 식으로 '나의 급한 상황'에 맞춰 앞차가 더 빨리 달려야 한다고 생각하는 것이 대표적 예입니다.

③ 오류귀인: 문제의 인과관계를 잘못 해석하거나 엉뚱한 곳에 책임을 돌리는 사고방식입니다. 자동차 열쇠를 잃어버렸을 때 '내가 열쇠를 어디에 뒀더라?'가 아니라 '차 열쇠가 어디로 도망갔지?'라고 생각합니다.

④ 파국화: 상황을 지나치게 확대 해석하고, 사건에 부정적인 꼬리표를 붙이는 것입니다. 지하철이 지연됐을 때 '이 놈의 지하철 때문에 오늘 완전히 망했네'라고 단정하는 식입니다.

⑤ 선동적 지칭: 분노를 더욱 키우는 효과를 냅니다. 실수한 상

대에게 속으로 '저 인간은 제대로 하는 게 하나도 없지. 쓸모 없는 인간'이라고 되뇌면 그 순간부터 부정적인 감정이 더 커집니다.

마틴은 분노 반응 자체에는 본질적으로 잘못된 것이 없다고 진단합니다. 누군가 자신을 도발했다고 생각할 때 분노를 터뜨리는 것은 온전히 합리적인 반응이고, 삶의 연료로도 작동한다는 것입니다. 하지만 "생각의 패턴을 분별하는 감각을 기르면 자신과 자신에게 중요한 것을 제대로 이해하게 된다"고 조언합니다.

마틴은 분노 감정을 전달하는 방법으로 "내가 주장하려는 게 무엇인지, 그것을 어떻게 전달할지, 상대가 거기에 어떻게 반응할지 미리 계획을 세우는 게 중요하다"고 강조합니다. 내 기분을 말하면서 상대에게 전적인 책임을 지우지도 말아야 합니다. 상대가 무슨 말을 하는지 들어보고 그의 기분이 어떤지, 무슨 생각을 하는지 주의 깊게 살펴야 하는 것입니다. 그는 분노에 휩싸이지 않기 위해 다음과 같이 대처하는 것도 현명한 방법이라고 말합니다.

"상황이 너무 과열됐거나 대화가 더는 생산적이지 않다고 느껴진다면 대화를 멈추는 것도 괜찮다."

라이언 마틴, 이재경 옮김, 《분노의 이유》(반니, 2021)

15

자신에게 진실하라

나이 드는 것을 두려워하는 사람이 있는 반면 값진 선물로 여기는 이도 있습니다. 성숙을 통해 삶의 여유와 지혜를 얻고, 즐겁게 사는 법을 배워나갈 수 있기 때문입니다. 미국의 시사주간지 《타임》의 에세이스트 로저 로젠블랫이 제시한 '유쾌하게 나이 드는 법'은 이런 의미에서 한번쯤 참고해볼 만합니다.

그가 제안하는 첫 번째 삶의 법칙은 '어떤 것도 문제가 되지 않는다'는 것입니다. 그는 "나이가 어리든 많든, 상황이 좋든 좋지 않든, 어제의 친구가 적으로 변하고 누군가가 당신을 폄하하든 말든 그 모든 것을 문제 삼지 말라"며 중요한 건 '무엇이든 해보는 것'이라고 말합니다.

"출발점에 서지 않는 이상 당신은 누구보다 빠르게 쇠락할 것이고, 출발점에서 용기 있게 발을 앞으로 내디딘다면 완벽한 인생이 당신의 것이 될 것이다."

그러기 위해 사물을 바라보는 시각을 기꺼이 완전하게 바꿔야 한다고 강조합니다.

"그렇지 않으면 어떤 자극을 받았을 때 설렘과 호기심이 아니라 타성으로 굳은 경직된 반응으로 끊임없이 갈등하고 싸우려고만 들 것이다."

'자신이 잘하지 못하는 분야를 파고들지 말라'와 '나쁜 일은 그 냥 흘러가게 내버려 두라'는 법칙도 새길 만합니다.

"약점을 보완하려는 시도를 하면 할수록 점점 더 약해질 뿐이다. 그와 반대로 장점을 계속 키워나가면 사람들은 당신에게 어떤 약 점이 있었는지조차 모르게 될 것"이라며 좋지 않은 일이 일어났을 경우에도 마찬가지라고 말합니다.

"현실주의자는 그 일을 그냥 내버려 두지만 낭만주의자는 그 일 을 깨끗이 정리하고 싶은 마음에 쫓겨 뭔가 해명을 해야 한다는 쓸 데없는 생각을 떨쳐버리지 못한다."

'아무것도 하지 않아도 되는 기회를 놓치지 말라'는 통찰도 통렬 합니다. 살다 보면 아무것도 하지 않을 수 있는 기회가 종종 생기 는데, 그것을 여유롭게 있는 그대로 받아들이기보다 오히려 불안 하고 초조하게 느끼는 경우가 제법 많다며 그는 다음과 같이 조언 합니다.

"의미 없는 그 어떤 몸부림도 하지 말라. 불필요한 전화와 겉치레에 불과한 감사 인사도 사절하라. 복수를 하겠다는 생각이나 행동도 접고, 다른 사람의 동의를 구하기 위해 쓸데없이 어정대지도 말라. 아무것도 하지 않아도 된다면 아무것도 하지 말라."

'어쩌다 오는 기회를 마주친다면 모든 것을 내려놓고 받아들이고, (일을 할 때) 속도를 늦추지 말라'는 법칙도 눈길을 끕니다.

"미국의 농구스타 마이클 조던은 자신이 평소 부상을 잘 입지 않는 이유로 절대 속도를 줄여서 경기를 하지 않기 때문이라고 고백했다."

인생은 전속력으로 부딪치는 사람에게만 아름다운 보상을 해준다는 것입니다. 그는 "전속력으로 부딪치며 사는 것이 더 재미있을 뿐 아니라 훨씬 안전하다"고 말합니다.

이밖에도 고개를 끄덕이게 하는 '법칙'이 많습니다.

'적은 무시하라. 아니면 확실하게 죽여버려라' '당신이 잘못한 일은 당신이 먼저 야유를 퍼부어라' '거창하기 짝이 없는 말들이 들리면 당장 도망가라.'

법칙 중에는 세상을 보는 관점과 처세에 관한 것도 있습니다.

'다른 사람을 개선하려 하지 말라. 그에게 도움이 되는 걸 안다 해도 말이다' '친구에게 그 친구를 중상하는 소식을 전해주는 사람은 되지 말라' '웨이트리스는 당신에게 마음이 있는 것이 아니다' '명성을 좇지 않되 있으나 마나 한 존재는 되지 말라' 등등.

'한 사람의 인생을 재는 가장 좋은 척도는 그의 삶이 다른 사람에게 도움이 되었는가의 여부에 달려 있다'는 일깨움도 울림을 줍니다. "어떤 인생을 살았는가는 지극히 개인적인 문제이기도 하지만 지극히 사회적인 문제이기도 하다"는 것입니다.

삶을 살아갈수록 진실된 마음의 자세가 중요하다는 것도 깨닫게 합니다.

"조금이라도 잘못이 있는 일은 전부를 버릴 줄 알아야 한다. 자신에게 진실하라. 그렇지 않으면 다른 누군가가 되고 싶어진다."

로저 로젠블랫, 권진욱 옮김, 《유쾌하게 나이 드는 법》(나무생각, 2021)

‖ 16 ‖

화해가 능사는 아니다

인생에서 피할 수 없는 두 가지가 있다면 '죽음'과 '갈등'입니다. 아무리 위대한 인물이라도 갈등을 겪지 않는 사람은 없습니다. 컬럼비아대학교의 제니퍼 골드먼 웨츨러 교수는 갈등이 회피해야 할 나쁜 것만은 아니라며 다음과 같이 말합니다.

"수메르 신화의 영웅 길가메시와 모세, 마호메트 등 성인들도 고난을 겪고 주변인과 불화를 빚었지만 갈등을 수월하게 해결해 후대에 이름을 남겼다."

갈등은 '잘 풀면 약이 되고 매몰되면 독이 된다'는 얘기입니다.

웨츨러 교수는 "갈등은 일상을 구성하는 자연스러운 요소이며, 적정 수준의 갈등은 사회를 좀 더 다채롭게 만든다"고 강조합니다. 하버드대학교 경영대학원에서는 "통일된 의견을 따르는 조직보다 구성원들이 갈등을 숨김없이 분출하는 조직이 더 혁신적인 해법을 도출한다"는 분석 결과도 내놨습니다.

그렇다고 갈등을 방치해서는 안 됩니다. 시간이 갈수록 사라지기는커녕 증폭되기 때문입니다. 웨즐러 교수는 "갈등이 시작되면 일단 심화시키는 쪽으로 사고하게 되어 몸집이 불어난다. 한번 빠지면 갈등 상황에 집중해 미래를 객관적이고 심층적으로 생각하지 못하고, 변화의 대안을 생산적으로 고민하지 못하기 때문"이라며 이런 상황에서는 화해가 능사는 아니라고 말합니다.

"상대가 원치 않는데 고집스레 화해를 요청하는 것은 또 다른 불화의 원인이다."

웨즐러 교수가 제시하는 해결책은 '멈추고, 관찰하고, 변화하라' 입니다. 갈등 상황에 대한 관찰 능력을 먼저 키운 뒤 대응해온 패턴을 '파괴'하라는 것입니다.

"싸움에서 한 발짝 물러나면 갈등의 패턴이 보인다."

갈등에서 벗어나려면 현재의 상황을 있는 그대로 바라보고 인정하는 일이 무엇보다도 중요합니다. 웨즐러 교수는 "패턴을 따라가면 악순환이 예상되고, 결과를 예측할 수 있다면 과거와 다른 방식으로 행동해야 한다"며 '패턴 파괴'의 첫걸음은 자신을 제대로 파악하는 일이라고 말합니다.

"자신이 실제 모습과 다르기를 바라는 마음은 진짜 변화를 만들어내는 데 도움이 되지 않는다."

브리지워터어소시에이츠의 설립자 레이 달리오 역시 "진실이기를 바라는 것과 실제로 진실인 것을 혼동하는 사람은 현실에 대해 왜곡된 이미지를 만들어내기 때문에 최선의 선택을 할 수 없다"고 말했습니다.

웨슬러 교수는 무엇보다 상대방이 거슬리는 행동을 한다고 해도 거기에 말려들지 않는 게 중요하다고 강조합니다.

"상대가 받아들이기 힘든 방식으로 감정을 표현한다면 그가 자신의 여정을 이어나가고 있을 뿐이라는 사실을 기억해야 한다."

상대방이 내 말이나 행동에 반응하는 것이라 하더라도 그의 감정 표현은 그의 것일 뿐이므로 상대방이 아닌 내 감정을 파악하고 다스리는 것이 훨씬 더 중요하다는 얘기입니다.

"우리는 타인의 감정 경험과 표현보다는 자신의 감정 표현과 경험에 훨씬 더 크게 영향력을 미친다."

웨슬러 교수에 따르면 다른 누군가를 변화시키려고 애쓰기보다 자신의 감정을 잘 활용하면 까다로운 감정의 역학에서 벗어나는 가장 효과적인 방법을 찾아낼 수 있다고 합니다. 그리고 그는 이렇게 덧붙입니다.

"오랜 습관을 없애는 가장 효과적인 방법은 기존 습관을 완전히 새로운 습관으로 대체하는 것이다."

제니퍼 골드먼 웨슬러, 김현정 옮김, 《패턴 파괴》(흐름출판, 2022)

말투를 바꾸면 세상이 바뀐다

위로와 도움의 말이 필요한 순간, 길게 말하지 않고도 마음을 전하는 사람이 있는가 하면 쓸데없는 말로 기분을 망치는 사람이 있습니다. 부하직원에게 "이것 좀 해"라고 지시하는 것과 "이것 좀 해줄 수 있을까?"라고 말하는 것은 다릅니다. 같은 내용을 말하더라도 '나'의 관점인가, 상대방의 입장과 상황을 배려하고 존중하는 관점인가에 따라 결과에 있어서 큰 차이가 납니다.

일본의 메이지대학교 사이토 다카시 교수는 "말투 하나만 바꿔도 주위 사람들을 대하는 태도가 달라지며, 대인관계는 물론 인생을 변화시키는 힘이 된다"고 일깨웁니다. 특히 나이를 먹을수록 타인을 이해하고 상황을 배려하는 '어른의 말하기'가 중요하다고 강조합니다.

"언변이 뛰어나야 말을 잘하는 게 아니다. 분위기를 좋은 방향으로 바꾸는 사람, 꼭 필요한 순간에 알맞은 표현과 적당한 길이로 말할 줄 아는 사람이 진정한 어른의 말하기를 하는 사람이다."

사이토 교수는 "침착하게 이야기를 진행하려면 객관적인 언어를 고르는 게 중요하다"고 말합니다. '애당초' '원래가 말이야'처럼 감정을 드러내는 표현은 좋지 않다는 것입니다. '○○를 위해서 하는 말' 따위의 표현은 친절을 가장했을 뿐 강요로 여겨진다는 점도 주의해야 합니다. 그는 감정적이라는 느낌을 주지 않으려면 말에 말을 더하기보다 객관적인 데이터를 제시하는 게 효과적이라고 말합니다.

강압적인 말로 생산성을 높이는 방식이 통하던 시대는 지났습니다. 부드러운 화법으로 의사를 전달하는 게 중요합니다. 어려운 일을 지시할 때도 "어려운 일이니까 ○○ 씨에게 맡기는 거야!"가 아니라 "쉽지 않은 일인 거 알고 있어요. 그렇지만 ○○ 씨가 도전해보면 좋을 것 같은데 어때요?"처럼 상의하듯 말하는 게 훨씬 더 좋은 효과를 낸다고 합니다.

비즈니스에서도 마찬가지입니다. 사이토 교수는 상대방의 제안을 받아들이기 어려운 경우 단칼에 거절하기보다는 대안을 제시하는 것이 좋은 방법이라고 조언합니다.

"비즈니스를 할 때는 어딘가에 타협점이 반드시 존재하는 법이다. 아니, 타협점을 찾는 것이 비즈니스다."

설령 거절 의사가 있더라도 대안을 제시하면 상대방은 '우리를 열심히 생각해주는구나' '우리를 존중해주는구나'라고 느껴 분위기가 좋아진다는 것입니다.

"이를 계기로 더 나은 방법을 찾는 경우도 있고, 결과적으로는 거절하더라도 좋은 관계를 유지할 수 있다."

직장 동료들을 성장시키는 말하기, 자녀를 믿어주고 품어주는 말하기, 어렵고 난처한 상황을 헤아려 먼저 배려해주는 말하기는 닫혀 있던 마음의 문을 열게 해줍니다.

"마음은 내가 하는 말로 드러난다. 뒤집어 말하면 말하는 방식을 바꿈으로써 마음과 태도도 달라진다."

이렇게 중요함에도 불구하고 '말하는 방식'을 바꾸는 것은 생각보다 쉽지 않습니다. 하지만 사이토 교수는 간단하게 실천할 수 있는 것들이 많다며 부정적인 단어 사용하지 않기, 상대방의 말을 끊지 않으면서 자신의 이야기 전달하기, 적극적인 리액션으로 공감하기부터 실행해볼 것을 제안합니다.

사이토 다카시, 황미숙 옮김, 《어른의 말공부》(비즈니스북스, 2021)

CHAPTER

6

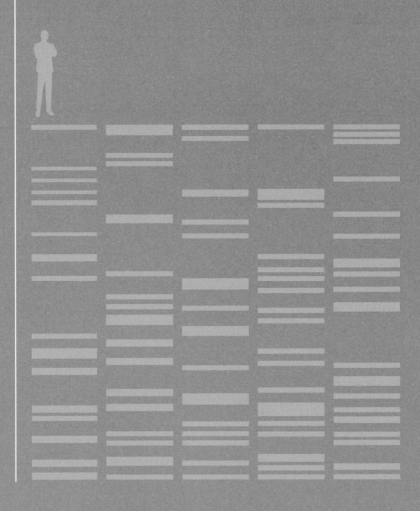

위대한
승자들의 공통점

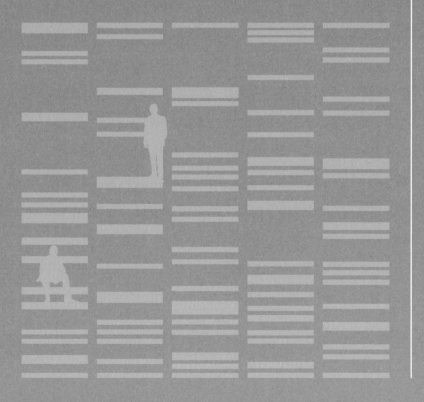

‖ 01 ‖

묻는 게 없으면 얻는 것도 없다

‘골프 황제’ 타이거 우즈가 전성기 시절 폭발적인 인기를 누린 것은 압도적인 경기 결과 때문만은 아니었습니다. 승부처로 꼽히는 순간마다 늘 해오던 방식이 아닌 상식의 허를 찌르는 공략법을 선보인 덕분입니다. 상상력이 풍부한 경기 운영 방식이야말로 그를 영웅 반열에 올려놓은 최고의 무기로 꼽힙니다.

2020년 미국에서 가장 많이 팔린 실물 앨범 1위에 오른 BTS의 ‘맵 오브 더 소울’의 인기 비결도 ‘탐구력’입니다. 같은 세대가 무엇을 느끼고 생각하는지를 오랫동안 탐구하고 그것을 자신들만의 시대정신으로 표현해냈다는 평가를 받습니다.

베테랑 인문학자인 김경집 가톨릭대학교 교수는 "제4차 산업혁명의 핵심은 기계적 혁명이 아니라 생각의 혁명"이라며 ‘텍스트 자폐증'에서부터 벗어나야 한다고 강조합니다.

"텍스트가 아니라 콘텍스트가 확장될수록 부가가치가 커지는데 텍스트만 추종하고 순응하면서 스스로 울타리 속에 갇히는 경우가 종종 있다."

실리콘밸리의 전설, 스티브 잡스는 '텍스트로부터의 탈출'이 어떤 기적을 일으키는지를 단적으로 보여주었습니다.

"애플 초창기의 스티브 잡스와 회사에서 쫓겨났다가 절치부심 끝에 복귀한 스티브 잡스는 완전히 다른 사람이다. 전자의 잡스는 속도와 효율의 시대를 상징한다면 후자의 잡스는 창조와 융합의 시대를 상징한다."

김 교수는 속도와 효율에서 창조와 융합의 세기로 접어들고 있는 요즘이야말로 인문학적 사고력이 필요하다고 말합니다.

그렇다면 잡스를 전혀 다른 인물로 바꿔놓은 인문학적 사고력을 어떻게 키울 수 있을까요? 김 교수는 이에 대해 '6I 사고법'을 제시합니다. 지식을 분석하고 비판적으로 탐구(investigation)하는 법, 형상을 넘어 전체를 직관(intuition)하는 법, 경험을 축적해 영감(inspiration)을 낚아채는 법, 단숨에 본질로 도약하는 통찰(insight)을 얻는 법, 통념의 틀을 깨는 상상(imagination)을 융합하는 법, 이 모든 것을 융합해서 나(I, individual)만의 콘텐츠를 창조하는 법을 갖추라고 제안합니다.

영화 〈인터스텔라〉가 흥행에 성공한 배경에도 깊은 '생각의 힘'

이 작용했습니다. 김 교수에 따르면 이 영화가 2014년 말에 개봉한 이유는 2015년이 상대성 이론 100주년의 해였기 때문이며, 시간의 상대성이 주제였던 이 영화는 자연스럽게 상대성 이론 100주년과 같이 언급되어 홍보 효과가 극대화됐다는 것입니다.

"이런 통찰은 단순히 일회성 아이디어의 성공이 아니다. 사건을 통시적으로 확장해서 보는 사고에서 나올 수 있는 것이다."

이탈리아의 명품 브랜드 구찌 또한 '한 번 더 생각해보는 것'과 그렇지 않은 것의 차이를 뚜렷하게 보여준다고 합니다.

"구찌는 시장의 변화를 읽기 위해 경영진 회의가 끝나면 '그림자위원회'를 연다. 젊은 사원들의 결정을 대폭 반영한 결과는 밀레니얼 세대의 열렬한 환호로 돌아왔다."

탐구와 직관, 영감과 통찰, 상상의 힘을 기르는 출발점은 무엇이든 그냥 지나치지 말고 '왜'라고 묻는 것입니다. 김 교수는 다음과 같이 말하며 질문의 중요성을 강조합니다.

"묻는 게 없으면 얻는 것도 없다. 통념을 뒤집는 과감하고 자유로운 사고 정신은 끊임없는 질문에서 나온다."

김경집, 《인문학자 김경집의 6I 사고혁명》(김영사, 2021)

02

너의 '끼'를 찾아라

기업이 줄줄이 쓰러지던 외환위기 때 공격적으로 투자해 1억 원을 156억 원으로 불린 사람이 있습니다. 해외 주식에 일찌감치 눈을 돌려 중국 관련 펀드로도 '대박'을 냈습니다. 섬마을 출신인 에셋플러스자산운용 강방천 회장의 이야기입니다. 긴 안목의 투자를 강조하는 그는 워런 버핏, 피터 린치와 함께 한국에서 유일하게 '세계의 위대한 투자가 99인'에 선정된 가치투자 전문가입니다.

강 회장은 주식 시장이라는 살벌한 전쟁터에서 살아남으려면 '명료한 관점'이 필요하다고 강조합니다.

"노련한 투자자도 관점이 무너지면 이제 갓 시작한 초보 투자자와 다를 바 없다."

주식에 대한 기본적 이해의 바탕 위에서 풍부한 상상력을 펼쳐야 온전한 가치를 찾을 수 있고, 그것이 쌓일 때 투자에 대한 관점이 생길 수 있다는 것입니다.

"재무제표를 보고 사실관계를 파악해 기본적 이해를 하되, 거기에 상상력을 더하지 않으면 남들이 알고 있는 가치 그 이상을 보지 못한다."

기업의 가치를 제대로 알아보기 위해서는 한손엔 망원경을, 다른 한손엔 현미경을 단단히 쥐어야 한다고 합니다.

"현미경으로는 재무제표를 샅샅이 살펴보고, 망원경으로는 미래 수요와 경쟁구도를 살펴야 한다."

현미경과 망원경을 함께 동원해 '위대한 기업'을 가려내야 하는 이유에 대해 그는 불황이 끝나면 놀라운 축제의 시간을 선사하기 때문이라고 말합니다.

"공포나 불황일 때 결코 시장을 떠나지 말고 위대한 1등 기업과 함께해야 한다. 이것이 내가 끊임없이 강조하는 함께 부자가 되는 길이다."

강 회장이 10년 넘게 품속에 넣고 다니는 글이 있습니다.

"우리는 자본주의 시스템이 승자의 시스템임을 알고 있습니다. 이런 자본주의 시스템을 이끌고 진보를 일궈내는 건 그 시대의 위대한 기업입니다. 위대한 기업은 늘 바뀌지만 위대한 기업은 늘 존재합니다. 그 위대한 기업의 주인이 되어 부자로 사는 건 우리의 권리이자 의무입니다. 그 기업의 주식을 소유함으로써 그리고 오래 함께함으로써 그 꿈은 현실이 됩니다."

강 회장은 젊은 사람들에게 '힘내'라는 말을 잘 안 한다고 합니다. 대신 '자신의 끼를 찾아라'라고 말합니다.

"자신이 가진 끼에 대해 고민해보고, 끼를 발견했다면 어떻게 펼칠지 생각하라. 그리고 당당히 세상으로 나아가 거침없이 끼를 펼쳐라. 그러면 주류건 비주류건 모든 젊은이가 세상의 주인공이 될 수 있다."

강방천, 《강방천의 관점》(한국경제신문, 2021)

03

부자가 되기 위한 8계명

세계에서 가장 많이 팔리는 잡지 《맥심》을 소유한 거대 매거진그룹 창업자로 '영국 최고의 부자 100인'에 꾸준히 이름을 올리는 괴짜 대부호 펠릭스 데니스는 제대로 된 정규 교육을 받지 못한 채 14세의 나이에 독립했습니다. 무일푼 히피 청년이었지만 성공을 향한 일념 하나로 런던에서 닥치는 대로 일하며 부자가 되는 법을 배워나갔습니다.

데니스는 빈손으로 시작한 자신이 엄청난 부자가 된 비결을 '모험'과 '실행'으로 요약합니다.

"어떤 분야나 아이디어를 선택하느냐보다 모험을 감행하고 전략을 실행하는 것이 더 중요하다."

그가 사양 산업이던 잡지를 통해 큰 부(富)를 일군 과정만 보더라도 그의 신념을 엿볼 수 있습니다. 데니스는 자신이 처음 성공을 거둔 분야가 잡지였기 때문에 자신이 잘할 수 있는 것에 몰두했습니다. 그는 "좋아 보이는 아이디어에 혹하기보다 실행에 총력을 기울일 것"을 강조합니다.

또한 그는 "지나치게 사람 좋고, 편안하고, 상식적이면 부자가 되지 못한다"고 말합니다. 부정적인 영향을 미치는 사람들과의 관계도 모두 끊으라고 조언합니다.

"세상 사람들의 눈에 실패자로 낙인 찍힐까봐 두려워하는 마음도 부자가 되는 길에 있어서는 걸림돌이다. 안주하는 마음으로는 절대 부자가 될 수 없다."

부를 추구하는 것을 일종의 게임이라고 생각하고, 주위의 시선을 고려하지 말고 부를 좇아야 한다는 것입니다.

데니스는 이런 자신의 경험을 바탕으로 '성공이 다가오는 8계명'을 다음과 같이 정리했습니다.

① 진정 원하는 것을 냉철하게 분석하라. 막연한 소망만으로는 부족하다. 강렬한 열망은 필수다.
② 부정적인 사람들과의 관계를 끊어라. 절대로 포기하지 말고 끝까지 쭉 밀고 나가라.
③ '좋은 아이디어'는 무시하라. 실행에 총력을 기울여라.
④ 집중하라. '돈이 여기 있소' 하고 표시된 곳을 주시하라.

⑤ 당신보다 똑똑한 인재를 고용하라. 그에게 일을 맡긴 뒤 수익을 나눠 가져라.

⑥ 소유권이야말로 진정한 '비결'이다. 지분은 가능한 한 많이 붙들고 있어야 한다.

⑦ 닥치기 전에 미리 팔고, 사업에 싫증이 나도 매각하라. 협상할 때는 마음을 비워라.

⑧ 거북이 등딱지를 뒤집어쓰라. 정신적 갑옷이 필요하다. 당신이 어쩔 수 없이 실패했을 때 뒤따를 빈정거림이나 악의적인 조롱을 무시해버릴 수 있을 만큼 두꺼워야 한다(앞서 소개한 일곱 가지를 다 합친 것보다 더 중요하다).

데니스는 실패했을 때와 마찬가지로 성공했을 때 사람들이 보일 시기심도 가볍게 웃어넘길 수 있어야 한다고 말합니다.

"흔히들 인생에서 확실한 것으로 죽음과 세금을 이야기하지. 이 밖에 세 가지가 더 있어. 경제적으로 성공하려고 노력하는 것을 비웃고 조롱하는 것, 그리고 시기하는 것, 실패했을 때 고소해하는 것. 세상인심이 이래."

그는 다른 사람의 마음에 쉽게 상처를 주고 배려할 줄 모르는 세상에 대해서도 너무 신경 쓰지 말라고 조언합니다.

"가볍게 웃어넘길 수 있는 마음의 준비만 갖추면 되는 거야."

정작 이겨내야 할 것은 '두려워하는 마음'이라고 강조합니다.

"두려움은 작은 죽음이야. 야금야금 파고들어 결국 죽음에 이르게 하지. 진정으로 자신에게만 집중하는 사람은 주위 사람들의 무심한 참견에 귀를 기울일 이유도 여유도 없어."

펠릭스 데니스, 장호연 옮김, 《빈손으로 시작해도 돈이 따라올 거야》(위즈덤하우스, 2021)

04

극한 상황의 축복

2004년 12월 26일, 사상 최악의 지진해일(쓰나미)이 인도네시아 수마트라섬 북서부 아체 지역을 덮쳤습니다. 지진으로 방출된 에너지는 일본 히로시마에 투하됐던 원자폭탄 5억 개와 맞먹는 규모였습니다. 그 충격으로 지축이 흔들리고 지구의 형태까지 바뀌었습니다. 지구 모양이 더 동그랗게 됐고, 자전(自轉)이 빨라지면서 하루의 길이가 조금 짧아졌습니다.

14개 나라에서 22만 7,898명이 목숨을 잃었지만 아체가 받은 타격이 가장 끔찍했습니다. 록웅아와 람푹 두 마을에서는 90퍼센트가 넘는 주민이 목숨을 잃어 7,500명이었던 인구가 400명으로 줄었습니다. 아체 해변에서 온전하게 남은 건물은 이슬람 사원이 유일했고 나머지 집과 호텔, 식당 등은 모두 파괴됐습니다. 그랬던 아체에 놀라운 반전이 일어났습니다. 살아남은 사람들이 마을을 떠나지 않고 재건에 힘을 모은 결과 도시가 이전보다 더 번창하게 된 것입니다.

영국의 런던정치경제대학교의 리처드 데이비스 경제학과 교수가 그 비결을 탐구했습니다.

"아체 사람들은 모든 물리적 자산을 잃었지만 기술과 지식을 고스란히 지니고 있었던 덕분에 빠른 재건에 성공했다. 즉 인적 자본 (human capital) 자체, 그리고 인적 자본이 얼마나 많이 훼손되거나 보호받는지가 성공을 결정하는 열쇠다."

데이비스 교수에 따르면 요르단의 난민 수용소에서 일어난 일도 '인적 자본의 힘'이 얼마나 경이로운지를 새삼 일깨워줍니다. 2012년에 건설된 요르단 자타리의 시리아 난민 수용소는 효율적인 운영을 위해 제품 및 서비스를 현금이 아닌 전자카드로 정해진 품목만 구입할 수 있게 했습니다.

"놀랍게도 자타리는 3,000개에 가까운 상점 수, 프랑스보다 높은 65퍼센트의 고용률, 1,400만 달러의 월 매출, 미국의 연간 창업률(20~25퍼센트)을 크게 웃도는 42퍼센트의 창업률을 달성했다."

반면 파나마의 다리엔 갭과 콩고의 수도 킨샤사, 스코틀랜드의 글래스고는 정반대의 사례를 보여줍니다. 금부터 값비싼 목재까지 엄청난 가치를 지닌 천연자원에 더하여 해운 요충지인 다리엔 갭, 황금·다이아몬드·석탄·구리·사탕수수 등 자원 보고의 거점도시인 킨샤사는 세계에서 가장 위험하고 가난한 도시라는 낙인이 찍혀 있습니다. 글래스고는 조선업과 미술·과학·문화 등 혁신의 원조로 한때 '현대의 로마'로까지 불렸지만 산업이 파탄나면서 한 세기 만에 유럽 최악의 도시로 몰락했습니다.

글래스고와 다리엔 갭, 킨샤사가 몰락의 길을 걷게 된 건 정부와 제도가 실패한 탓이라고 데이비스 교수는 지적합니다.

"글래스고는 시대 변화에 안이하게 대처하다가 후발주자로 뛰어든 다른 도시의 경쟁력에 밀렸고, 정부의 어설픈 구조조정이 사태를 더욱 악화시켰다. 다리엔 갭과 킨샤사도 아무리 자연 조건이 뛰어나도 정부가 제 기능을 못하면 최악의 비극이 발생할 수 있음을 보여준다."

데이비스 교수는 상반된 두 가지의 사례를 통해 인류가 '회복탄력성'의 중요성을 새겨야 한다고 강조합니다.

"코로나든 자연재해든 정치적 격변이든 경제 위기든 극한 상황은 언제 어디서나 일어날 수 있고 그것으로 인해 경제와 삶이 쉽게 무너질 수 있다는 것이 우리가 기억해야 할 메시지다. 인간에 내재된 자아실현 욕구와 창의성을 억제하지 않으면 얼마든지 새로운 형태의 경제시스템이 자연 발생할 수 있지만 공동의 피해나 이익에 주목하지 않을 때는 그 어떤 비극도 일어날 수 있다."

리처드 데이비스, 고기탁 옮김, 《2030 극한 경제 시나리오》(부키, 2021)

05

결핍이 지략을 낳는다

'Amazonned(아마존에 당하다)'는 미국 기업 아마존이 탄생시킨 단어입니다. 이 회사가 사업 영역을 넓혀나갈 때마다 같은 업종의 기업들이 생존 위기에 몰리게 되는 것을 빗댄 신조어입니다. 아마존이 2017년 식료품 유통체인인 홀푸드 인수를 발표하자 관련 업종 주식이 일제히 하락하며 'Amazoned'의 위력을 실감케 했습니다.

미국 실리콘밸리 전문 기자 브래드 스톤은 아마존이 어떻게 이런 존재가 됐는지 심층 취재한 결과를 책으로 펴냈습니다. 책에서 그는 아마존을 다음과 같이 평했습니다.

"커진 덩치에도 불구하고 끊임없이 관료주의 싹을 자르고, 어디에도 얽매이지 않고 탈피를 거듭하면서 새로운 제품을 잇달아 내놓는 기업문화를 가졌다."

아마존의 성장은 눈부십니다. 1994년 인터넷서점 아마존닷컴으로 출발한 뒤 클라우드 비즈니스, 로봇 제조, 우주 개발, 방송 콘텐츠와 영화 제작, 비디오게임 제작에 진출하며 시장을 집어삼키고 있습니다. 시애틀 단층집의 꽉 막힌 차고에서 탄생한 회사가 20여년 만에 직원 130만 명, 시가총액 1조 8,000억 달러의 초거대 회사가 된 것입니다. 지속적인 발명, 빠른 의사결정과 함께 기술적 트렌드를 폭넓게 적극적으로 받아들이는 이 회사의 모토는 '빠르게 성장한다(Get Big Fast)'입니다.

브래드 스톤에 따르면 창업자이자 CEO인 제프 베이조스가 자신의 샘솟는 아이디어와 창의력, 사업의 본질을 간파하는 통찰력만으로 '아마존 제국'을 일군 것은 아닙니다.

"그는 항상 더 적은 것으로 더 많은 것을 성취하라고 다그친다. 직원들은 항상 빠르게 움직여야만 하고, 빡빡한 마감 일정이 끊임없이 내부에 하달된다."

또한 베이조스는 '자원의 제약이 지략과 발명을 낳는다'는 신념 아래 회사 인력과 예산에 늘 제약을 가했습니다.

"기업이 타성에 젖는 상황을 피하고자 끊임없이 조직을 재편하고, 고정비용을 줄이고, 조직 규모를 축소한다."

쉴 새 없이 직원을 몰아붙이며 사업을 확장하는 경영이 순탄할리 없습니다. 브래드 스톤은 "길을 잃은 것처럼 보일 때가 한두 번이 아니었다. 그의 삶은 거대한 실수와 실패의 연속이기도 했다"며 베이조스의 삶과 실패에도 주목했습니다.

아마존이 투자한 수많은 스타트업이 흔적도 없이 사라졌고, 거액을 주고 인수한 기업들이 실적을 내지 못한 사례가 수두룩합니다. 2004년에 진출한 중국 시장에서는 10억 달러의 손실을 내고 물러났습니다.

"규제 당국, 정치권과의 마찰이 끊임없이 그를 짓눌렀다."

그러나 베이조스의 아마존은 그런 실패와 시련 앞에서 주저앉지 않았습니다.

"항상 아무도 탐험하지 않은 산에 지도도 없이 떨어졌고, 험한 비포장도로를 달려왔다. 그래서 어처구니없는 실수나 어리석은 실책도 많았지만 언제나 멈추지 않고 달렸다."

브래드 스톤은 아마존이 기업의 덩치가 커지는 동안에도 성장 속도가 더뎌지고, 조직의 민첩성이 둔화되며, 지도자의 판단이 흐려지는 '실패의 굴레'에 발목 잡히지 않은 것은 '끝없는 변신' 덕분이었다고 평했습니다.

이를 반영하듯 구성원들을 닦달하며 한치 앞을 내다볼 수 없는 곳에서도 끝없이 달리는 아마존의 모토가 인상적입니다.

"열심히 일하세요. 즐거운 시간을 보내세요. 그리고 역사를 만드세요(Work hard, Have fun and Make history)."

브래드 스톤, 전리오 옮김, 《아마존 언바운드》(퍼블리온, 2021)

06

'45년 장수 도어맨'의 비결

하루에 9시간씩 서 있고 1,000번 이상 허리를 숙여야 하는 직업, 호텔 도어맨입니다. 그들은 호텔에 도착한 손님을 응대하며 차량 문과 호텔 출입문을 열어주는 일을 합니다. 특급 호텔에서 그 일을 45년째 하고 있는 사람이 있습니다. 그 주인공은 서울 여의도에 있는 콘래드호텔의 권문현 지배인입니다. 서울 소공동에 있는 웨스틴조선호텔에서 36년간 근무하고 정년퇴직한 뒤 콘래드호텔에 영입됐습니다.

권 지배인이 들려주는 '도어맨으로서 장수하는 비결'이 흥미롭습니다.

"콘래드호텔에서 나에게 주어진 특명은 '진상 고객'을 응대하는 노하우를 젊은 직원에게 전수하는 일이다. 진상 고객에 대한 노련한 응대로 업계에서 정평이 났기 때문이다."

그의 그런 솜씨는 '역발상'에서 나왔습니다.

"저는 진상 고객이란 말을 쓰지 않아요. 진상 고객이 아니라 '애
정 고객'이죠."

이런 고객들은 호텔이 마음에 들기 때문에, 앞으로 또 방문할 의
사가 있기 때문에 호텔에 심하게 항의할 수 있다는 것에 그의 생각
이 미쳤습니다. 그래서 화가 난 고객의 이야기를 끝까지 충분히 귀
담아듣게 되었습니다.

"큰 소리 치고 무리한 요구를 하는 고객이라도 호텔이 망하길
바라는 마음에서 그렇게 행동하는 고객은 없어요. 불만을 제기하
는 손님은 그만큼 호텔이 발전할 수 있는 기회를 주는 거예요."

그런 그에게 끝까지 소통이 되지 않는 고객은 한두 명뿐이었
고, 수천 명의 고객은 대화만으로도 엉킨 마음을 잘 풀어줄 수 있
었다고 합니다. 쉽사리 화를 풀지 않는 고객의 마음을 풀어주는 그
의 비결은 웃는 얼굴로 "선생님, 명함 하나 주시겠어요?"라고 물으
며 자기 명함을 먼저 건네는 것입니다. 그는 "명함을 주고받는 것
은 경청을 위한 관계를 형성하는 것이고, 99퍼센트의 고객은 감정
을 추스른다"고 말합니다. 또한 고객이 무슨 일을 하는지 알게 되
면 어떻게 대처하는 것이 좋을지 떠오르는 경우가 많기 때문이기
도 합니다.

이런 권 지배인을 호텔 업계에서는 '전설의 수문장'이라고 부

릅니다. 그렇게 되기까지 그가 실천해온 또 하나의 비결이 있다면 '디테일'입니다. 고객의 얼굴과 이름을 익힌 뒤 "○○○ 장관님, 잘 지내셨죠?" 하는 식으로 인사를 건네는 것입니다. 그렇게 고객을 환대하는 순간 도어맨은 고객의 '마음의 도어(door, 문)'를 열게 된다고 그는 말합니다.

최근 자신의 별명을 따 《전설의 수문장》이라는 책을 펴낸 그는 책을 통해 "내공이라고 해서 특별한 것이 있을 리 없다. 기본에 충실한 것이 최고다"라고 말하며 자신의 직업에 대한 소명을 다음과 같이 밝혔습니다.

"내 일에 내가 가치를 부여하고, 내가 한 번 더 웃고, 내가 더 친절해지려고 노력했다. 허리를 얼마나 숙였느냐가 아니라 평범하면서도 편안하게 모시는 서비스, 진심 어린 마음에서 상대방을 존중하는 서비스가 진정한 의전이다."

호텔 도어맨으로서 자격지심이 생길 때도 있었지만 "인생은 길게 보면 공평하다"고 말합니다. "직종에 따라 번뜩이는 아이디어로 신입사원 때부터 승승장구할 수 있는 업무 영역이 있는가 하면 묵묵히 한 길을 수십 년 걸어가며 노력할 때 비로소 빛을 발하는 직종도 있다"는 것입니다. 그는 이렇게 강조합니다.

"어떤 길을 가더라도 너무 빨리 좌절하지는 말자. 인생 길다."

권문현, 《전설의 수문장》(싱긋, 2021)

07

후회의 힘

"후회하지 마라." "후회해도 소용없다."

이미 벌어진 일을 놓고 흔히 하는 얘기입니다. 많은 것이 경쟁을 통해 결정되는 현대 사회에서 후회는 '패자들의 감정'으로 여겨집니다. 떠오르는 상념을 빨리 지워버리기 위해 '후회하지 말자'는 말을 주문처럼 되뇌기도 합니다. 미국의 베스트셀러 작가 다니엘 핑크는 그런 풍조는 아주 잘못된 것이라고 일깨웁니다. 후회는 인간만이 가진 특별한 능력이고 인간은 후회하는 능력 덕분에 계속 발전해왔다며 후회를 제대로 이해하면 직장과 학교, 일상생활에서 더욱 현명하고 행복하게 살 수 있다는 것입니다.

"후회는 모든 인간이 지닌 보편적 감정이며, 되돌아볼 수 있는 용기가 앞으로 나아갈 힘과 변화의 추진력이 되어 준다. 또한 우리가 지금 어떻게 살고 있는지에 대한 냉정한 현실을 보여주며, 더 나은 길을 찾아가기 위한 깊은 통찰력을 선사할 수 있다."

핑크가 실시한 '세계 후회 보고서(World Regret Survey)' 프로젝트에는 세계 105개국에서 1만 5,000명이 넘는 사람들이 참여했습니다. 그 결과 현대인들이 주로 어떤 것을 후회하는지 다음 네 가지로 추려졌습니다.

첫 번째 후회는 '기반'에 대한 것입니다. '학창 시절에 더 열심히 공부했더라면' '꾸준히 저축했더라면' '그때 그 일을 했어야 했는데' 등 장기적인 목표보다 단기적인 이익을 추구한 것에서 오는 후회입니다.

두 번째 후회는 '대담함'에 대한 것입니다. 사업을 시작하지 않았거나, 데이트를 신청하지 않았거나, 여행을 떠나지 않은 것에 대한 후회로 사람들은 실패한 것보다 아예 행동하지 않은 것에 대해 더 깊이 후회했습니다.

세 번째는 '도덕성'에 관한 것입니다. 가장 큰 상처를 주고 오래 지속되는 후회로 거짓말을 하거나, 사기를 치거나, 양심에 그릇된 행동을 하는 것과 관련이 있습니다.

네 번째 후회는 '관계'에 대한 것입니다. '부모님께 사랑한다고 말했더라면' '그 친구에게 내가 먼저 손을 내밀었더라면'과 같이 더욱 친밀하게 지내지 못했던 가족이나 친구 등 소중한 인간관계에 대한 아쉬움이 해당됩니다.

일본의 베스트셀러 작가 오쓰카 히사시는 수십 년간 1만여 명의 사람들에게 '후회'에 관한 이야기를 듣고《오십부터는 이기적으로 살아도 좋다》라는 책을 펴냈습니다. 후회하는 사람들의 목소리를 모아 '이것만은 꼭 해두자'는 취지로 후회의 소지를 없애며 살아갈 수 있는 방법을 소개한 것입니다. 가령 '이직을 생각한다면 한발 먼저 움직여라' '명함이 없더라도 자신에 대해 말할 수 있어야 한다' '젊은 사람과 인간관계를 구축해야 한다' 등의 내용이었습니다.

오쓰카가 강조하는 핵심 메시지는 '50대는 좀 더 이기적으로 살라'는 것입니다.

"50대가 되면 회사와 친구, 심지어 가족까지도 대부분 그 의미가 줄어든다. 이럴 때 좌절만 해서는 남은 인생의 해답을 찾기 힘들어진다."

지금까지와 달리 나를 위한 시간, 나를 위한 투자가 필요하다는 것입니다.

"이제부터는 대담해져도 좋고, 눈치 보지 말고 실컷 제멋대로 살아도 괜찮다."

그러려면 지금까지 쌓아온 관습과 생각에서 우선 벗어나야 한다고 말합니다. 오랜 세월 몸에 밴 습관과 사고방식을 떨쳐내는 일은 쉽지 않습니다. '디톡스 기간'이 필요한 것입니다. 오쓰카는 "지금까지 자신이 해온 일과 업적, 인간관계와 삶을 총체적으로 결산하고 앞으로의 50년을 계획하라"고 조언합니다.

"만약 스무 살에 앞으로의 30년을 설계하고 살았더라면 지금 50세인 당신은 어떻게 되었을지 생각해보라. 마찬가지로 지금 50세의 나이에 30년을 계획하고 살아간다면 이후의 인생은 상상할 수 없을 정도로 달라질 것이다."

다니엘 핑크, 김명철 옮김, 《다니엘 핑크 후회의 재발견》(한국경제신문, 2022)
오쓰카 히사시, 유미진 옮김, 《오십부터는 이기적으로 살아도 좋다》(한스미디어, 2021)

08

'할 수 있는 것'에 주목하라

일본인 다나카 요시오는 80년째 의사로 일하고 있는 105세 '현역'입니다(1918년 출생). 아직도 주 5일 환자를 진료하고, 직접 밥을 해 먹고, 스마트폰으로 채팅도 하며 즐겁게 살아가고 있습니다. 그가 2018년(원서 기준)에 펴낸 책 《나는 101세, 현역 의사입니다》를 통해 소개한 일과는 그의 나이를 믿기 어렵게 합니다.

"매일 직접 컴퓨터를 두드려가며 환자들을 돌본다. 오전 진료를 마치면 집으로 돌아가 손수 음식을 준비해 먹는다. 식단은 잡곡밥, 채소, 생선 또는 고기 등의 단백질 위주로 구성한다. 오후엔 반드시 산책을 한다. 하체 근력을 키우기 위해 얕은 오르막이 있는 산책길을 천천히 완주한다. 산책을 마치고 나면 따뜻한 차를 즐기며 스마트폰으로 지인과 대화한다."

활동법, 식사법, 질병 대처법, 마음 관리법 등 45가지로 나눠 소개한 그의 건강 비결은 쉽고 간단합니다. 아침에 일어나 하체 체조하기, 과일과 채소로 만든 주스 마시기, 매일 15분 이상 햇볕을 쬐며 30분 이상 걷기, 간식으로 과자 대신 발효식품 챙겨 먹기, 스트레스 즐기기……. 세상에 퍼져 있는 건강 상식 가운데 '성인병 예방을 위해 육류 섭취를 제한하고 채식 위주의 식사를 해야 한다'는 것은 중년 이상에게는 맞지 않는 얘기라고 지적한 대목도 눈에 띕니다.

다나카는 무엇보다 '규칙적인 생활'과 '하체 건강을 위한 노력'을 강조합니다.

"취침 시간과 기상 시간이 매일 다르면 교감신경과 부교감신경이 원활히 전환되지 않아 자율신경의 균형이 깨지고, 건강에 이상이 생길 수 있다. 고령자가 낙상으로 인한 골절로 누워 지내게 되는 것은 치명적이다. 나이가 많을수록 하체가 약해지는 것을 막기 위해 딱히 볼일이 없어도 산책을 하는 등 적극적으로 집 밖으로 나가 걸어야 한다."

이밖에도 눈길을 끄는 건강 비결이 많습니다.

"매순간 내 등의 모양을 체크한다. 자연치유력을 활용하고, 꼭 필요한 약만 처방하며, 질병의 경미한 신호에 주의를 기울인다."

"지나치게 몸을 아끼지 않으며, 스트레스가 살아 있음의 증거이자 짜증내면 손해라고 생각하고, 할 수 없는 것보다 할 수 있는 것에 주목한다."

그가 지금의 건강을 누리기까지의 여정은 순탄하지 않았습니다. 두 번이나 큰 병으로 죽을 고비를 넘겼기 때문입니다. 32세 때는 폐결핵으로, 89세 때는 간암 말기로 생명을 위협받았습니다.

"큰 병은 성실하게 마주하면 건강한 삶의 소중함을 깨닫게 해주고, 그로 인해 많은 지혜를 얻을 수 있다."

'무엇이든 적당히'를 강조하는 대목이 특히 눈길을 끕니다.

"자기 식사량의 80퍼센트만 먹는 것이 몸에 좋은 것처럼 식욕 이외의 다른 욕구도 80퍼센트만 채우는 걸 기준으로 삼으면 균형적인 삶을 살 수 있지 않을까요? 자신이 가진 것을 제대로 보는 마음을 지니면 '만족을 아는' 감각이 길러집니다. 매사 '적당히' 해보세요."

다나카 요시오, 홍성민 옮김, 《나는 101세, 현역 의사입니다》(한국경제신문, 2021)

09

현명한 스트레스 활용법

세상을 살아가다 보면 크고 작은 스트레스와 수없이 만납니다. 일이 많으면 바빠서, 적으면 경쟁에서 밀려나는 것 같아 스트레스를 받습니다. 사람들과의 만남이 마냥 즐겁지만은 않고 이런저런 이유로 스트레스를 받는 경우도 많습니다. 스트레스가 쌓이면 두통, 비만, 탈모는 물론 암과 같은 심각한 병의 원인으로 작용하기도 합니다. 이런 골칫덩이 스트레스를 어떻게 해야 할까요?

일본의 정신과 의사 가바사와 시온은 스트레스에 대한 우리의 인식부터 바로잡아줍니다.

"결론부터 말하자면 스트레스를 없앨 필요는 없다."

스트레스를 없애는 편이 좋다고 생각하기 쉽지만 '스트레스가 전혀 없는 것도 문제'라는 것입니다.

"이를테면 업무적으로 중요한 거래나 발표가 있다고 가정해보자. 분명 긴장해서 상당한 심리적 부담을 느끼고 스트레스를 받을 것이다. 하지만 스트레스 덕분에 열심히 자료를 찾아보고, 준비하고, 수차례 연습을 하게 된다. 그 결과 실력이 늘고 더욱 성장한다."

인간관계에서 받는 스트레스도 마찬가지라고 합니다. 스트레스를 해소하기 위해 자신의 성격이나 태도를 되돌아보고 상대방의 기분을 헤아리면서 조금이라도 더 나은 인간관계를 만들기 위해 애쓰게 되기 때문입니다.

"이런 노력은 인간적인 성장으로 이어진다."

의학적으로도 적당한 스트레스는 뇌 기능을 활성화하고 집중력을 강화하며 기억력을 높여줍니다. 문제는 스트레스를 적당하게 활용하는 정도를 넘어 달고 사는 경우입니다.

가바사와는 스트레스를 유연하게 받아넘길 수 있는 사고방식과 대처법을 터득하는 게 중요하다고 말합니다. 우선 자신을 누군가와 비교하는 일부터 관점을 바꿀 것을 제안합니다. 남이 아닌 과거의 나 자신과 비교하고, 타인은 그저 관찰하라는 것입니다.

"질투하지 말고 존경하자."

스트레스의 주요 원인으로 꼽히는 불안감을 없애는 방법은 더 간단합니다.

"행동하면 된다."

그는 불안의 근원인 노르아드레날린은 행동을 위한 에너지, 즉

'행동의 휘발유'이며, 우리를 고통에서 구해줄 에너지가 '불안'이라고 말합니다. 이불 속으로 들어가 '어떡하지, 어쩌면 좋지'하고 고민할수록 불안은 커질 뿐이라는 것입니다.

"불안이라는 에너지를 태워 몸을 움직이자. 불안은 태울수록 줄어들고 마음은 그만큼 편안해진다."

가바사와는 다른 사람의 말에 지나치게 신경 쓰지 않는 것도 현명한 스트레스 관리법이라고 조언합니다.

"자신은 진지하게 받아들인 얘기를 상대는 기억조차 하지 못하는 경우가 비일비재하다. 진지하게 의견을 구하는 사람에게 순간 떠오른 생각을 반사적으로 말하는 사람도 있다."

한마디로 사람들은 '대충 입에서 나오는 대로' 말하는 경우가 많다는 것입니다.

"이렇게 적당히 건성으로 던지는 의견을 진지하게 받아들이거나 일일이 신경 쓰다가는 그야말로 남에게 휘둘리기만 하는 인생을 살게 될 것이다. 누군가에게 미움받아 힘들 때는 '호감의 1:2:7 법칙(나를 싫어하는 사람이 1명, 나를 좋아하고 지지해주는 사람이 2명, 나에게 관심 없는 사람이 7명이라는 의미)'을 떠올리자. '나에게 아군이 있다'는 사실이 한층 명확해져 용기가 솟아날 것이다."

가바사와 시온, 조해선 옮김, 《나는 이제 마음 편히 살기로 했다》(북라이프, 2021)

10

주고 잊어버려라

LG전자의 '휘센'은 1990년대까지만 해도 세계 시장에서 '괜찮은' 에어컨 가운데 하나일 뿐이었습니다. 그랬던 제품이 해외 곳곳에서 돌풍을 일으키며 세계 1위 브랜드로 올라섰습니다. 돌풍의 주역이었던 신문범 전 LG전자 사장은 '이음(연결)'과 '남김'을 1등 마케팅의 핵심 동력으로 꼽습니다. 특히 조직에서 전임과 후임의 사이를 잇는 '연결의 가치'를 매우 중요시합니다.

그는 새 업무를 맡을 때마다 '전임자가 추진한 과업에 대해 함부로 평가하지 말자'는 다짐을 되뇌었습니다.

"후임자가 자신의 입지를 굳히기 위해 무턱대고 전임자의 과업을 비난하는 일을 경계해야 한다. 아직 결과로 나타나지 않은 지난 과업들에 대해 부정하거나 속단하면 전임자가 남긴 유산을 제대로 이어받지 못한다."

또한 "사업은 주고받는 것(Give and Take)이 아니다"라고 강조합니다. 당장 눈앞의 이익에 급급해 계산기를 두드리면 더 큰 것을 보지 못하게 된다는 것입니다.

"신뢰를 바탕으로 이어진 관계에서 조금의 손해도 보지 않으려는 태도는 시간이 지날수록 불신만 커지게 한다. 주고 잊어버리는 (Give and Forget) 마음으로 대범하게 대해야 한다."

당장은 손실처럼 보이는 일도 '이 일로 무엇을 남길 것인가'의 관점으로 달리 생각하고 멀리 보면 고객 만족으로 승화되는 지점이 드러난다고 합니다.

"그 지점에 목표를 맞추는 것이 후일을 위한 선택이 된다. 이것이 건강한 적자, 즉 투자이다."

'돈을 버는 데만 초점을 맞추지 말라'는 다짐도 같은 맥락입니다. 스위스의 테니스 선수 로저 페더러는 20세 초반의 나이에 윔블던 대회에서 우승한 뒤 팀원들과의 향후 여정에 대해 누군가 묻자 이렇게 답했습니다.

"돈을 버는 데 목표를 두지 말고 우리 오랫동안 함께 테니스를 즐깁시다."

그는 자신의 목표를 실천하기 위해 매년 출전할 대회를 선별했고, 덕분에 다른 선수들이 은퇴할 나이에도 스포츠 스타로서 부와 명예를 함께 누리고 있습니다.

신 전 사장은 경영도 돈을 버는 데만 초점을 맞추면 역효과가 날 수 있다고 말합니다. 가장 대표적인 사례가 단기성과에 매달리는 것입니다. 단기성과만 좇다가 장기적인 조직의 경쟁력을 훼손할 때가 많다며 페더러의 말을 빌려 '경영을 즐긴다면 어떨까' 하고 제안합니다. 경영은 긴 호흡으로 멀리 보고 가야 하는 길이기 때문입니다.

"매순간 급박한 일들이 벌어지고 촌각을 다투는 결정을 요구하지만 긴 호흡을 유지하려면 무엇을 중요하게 지킬 것인지 우선순위를 정해야 한다."

그의 조언대로 일의 우선순위를 정해야만 가치 있고 중요한 일이 급하고 바쁜 일에 밀려나지 않습니다.

인도의 성자 메헤르 바바는 "바쁜 마음은 병들어 있다. 느린 마음은 건강하다. 고요한 마음은 성스럽다"라고 말했습니다. 급할수록 멀리 돌아가라는 말도 있듯이 성급함은 효율성을 저해합니다. 배가 고프다고 눈앞의 것을 닥치는 대로 먹었다가 몸이 병들면 그 병을 고치는 데 더 많은 시간과 돈과 에너지가 듭니다. 이렇듯 배부름이라는 목표를 이루는 길은 건강하게 배를 채우는 일이 전제되어야 합니다.

리더는 빨리 달리는 데 급급해하지 말고 '우리가 바른 방향으로 나아가고 있는가?'라는 질문을 스스로에게 하며 늘 조직을 점검하고 보완하며 장기적으로 생각해야 합니다. 제대로 안 되면 왜 안

되는지, 잘되면 왜 잘되는지 파고들어서 상황을 정확히 파악해야 하는 것입니다.

"오늘날 기업과 개인이 직면한 현실은 하나의 파도가 아니라 거대한 바다이다. 파도 하나에 눈이 팔려 거대한 바다를 보지 못한다면 그것이야말로 소탐대실이다."

신 전 사장의 조언입니다.

신문범, 《더 빅 윈》(클라우드나인, 2021)

‖ 11 ‖

'성장형 마음가짐'의 마법

일론 머스크는 우주개발업체(스페이스X)를 세워 6,500만 달러(약 762억 원)가 들던 로켓 발사 비용을 90퍼센트 절감하고, 민간인 우주여행을 최초로 성공시켰습니다. 미 해군 테러 진압 특공대인 네이비씰(SEAL: Sea Air Land)은 어떤 극한 상황에서도 포기하지 않고 '앞으로 전진'을 외치며 모든 임무를 완수해내는 세계 최고의 특수부대로 명성을 떨치고 있습니다. 두 대학원생의 스타트업으로 시작한 구글은 세상 사람들이 '불가능하다'고 여기던 많은 혁신을 이뤄내며 세계 최고의 글로벌 기업이 됐습니다.

미국의 잠재력 개발 전문가인 스티븐 코틀러는 "불가능을 가능으로 만들어내는 사람들의 비결은 마음가짐에 있다"고 말합니다.

"많은 이들이 성공 공식으로 잘 갖춰진 환경, 천부적인 재능, 압도적인 자본, 1만 시간의 법칙 등을 이야기한다. 누군가에는 맞을 수 있지만 모든 이에게 들어맞는 이야기는 아니다. 머스크와 특수부대원, 구글 창업자들이 발휘한 것은 그런 것이 아닌 '몰입의 힘'이었다."

코틀러는 "무아지경(無我之境)이 되어 자신이 해야 할 과제에 집중하면 순간적인 창의력이 최대 600퍼센트까지 늘며, 고통과 피로에 대한 감각도 사라진다"고 말합니다.

"불가능을 가능으로 바꾸고 우리가 원하는 일을 달성하기 위해서는 몰입이 반드시 필요하다."

하지만 그 과정에서 쉽게 좌절하지 않아야 합니다.

그는 몰입만큼이나 동기부여 과정이 중요하다며 동기부여를 위해서는 '공포나 분노 등 감정의 여러 요소를 활용'하는 것이 좋다고 조언합니다.

"공포는 일종의 심리적 충동자다. 새로운 일에 도전하는 누구에게나 공포는 밀려오며, 최고 수행 상태에 도달하는 데 있어서 변수가 아닌 상수로 작용한다."

그에 의하면 '호기심'도 또 다른 충동자입니다. 바다 너머에 있는 땅에는 자원이 더 많이 있을지도 모른다는 생각을 하게 만들기 때문입니다.

"열정은 '바다를 무사히 건너는 데 필요한 여러 기술'을 통달하도록 우리를 충동질하며, 목표도 마찬가지인데 바다 건너편 땅에 발견하려는 자원이 무엇이 있는지, 그 자원을 찾으려고 애쓰는 이유를 일러주기 때문이다."

이 모든 것을 제대로 활용하기 위해서는 올바른 장비가 필요합니다. 코틀러는 '성장형 마음가짐'과 '진실 필터'가 그것이라고 말합니다.

"성장형 마음가짐은 부정적인 자기 대화를 막는 데 있어서 중요하다. 이런 마음가짐을 가진 사람은 실수를 하면 자신을 비난하는 것이 아니라 개선의 기회로 삼는다."

이 깨달음에 올바른 평가를 내리기 위해서는 '진실 필터'가 필요합니다. 코틀러는 "최고 수행 상태를 유지하는 사람들 가운데 내가 만난 사람들 대부분이 자신만의 진실 필터를 갖고 있었다"며 다음과 같이 말합니다.

"객관적 진실을 파악하기 위해 다섯 사람에게 물어보고, 한 명이라도 다른 의견을 내면 또 다른 다섯 명에게서 진실을 찾아낸다."

좋은 사람을 만나는 것도 중요합니다. 문제를 해결하는 데 도움을 줄 친구나 가족이 주변에 있다면 그 사람의 뇌는 '문제적 상황'을 위협이 아닌 '흥미로운 도전 과제'로 받아들여 도파민이 나오기 때문입니다.

"우리는 우리가 알고 있는 것보다 더 많은 것을 할 수 있다."

스티븐 코틀러, 이경식 옮김, 《멘탈이 무기다》(세종서적, 2021)

12

겸손한 질문이 조직을 키운다

구글의 캐런 메이 부사장은 '공감 리더십'의 실천자로 유명합니다. 그가 MIT 경영대학원의 에드거 샤인 석좌교수를 초청해 다음과 같이 물었습니다.

"변화에 민감한 조직이 계속 성장하려면 리더가 무엇부터 해야 합니까?"

샤인 교수가 대답했습니다.

"임직원들에게 '지금 여기서 무슨 일이 일어나고 있죠?' '우리가 알아야 할 게 또 뭐가 있나요?'라는 질문을 던지십시오."

샤인 교수는 리더가 구성원들에게 겸손한 질문을 던질 때 조직도 성장한다고 강조합니다.

"흔히 방향을 정확히 제시하고 즉각적으로 답을 알려주는 리더가 실력 있는 리더라고 말한다. 하지만 변화의 속도가 빠르고 업무 환경이 끊임없이 달라지는 시대에서는 그렇지 않다. 허심탄회하게 질문하는 리더가 이끄는 조직의 성장 가능성이 더 높다."

무엇이 최고의 팀을 만드는지 연구한 구글의 '아리스토텔레스 프로젝트'는 "팀원들의 심리적 안전감(psychological safety)이 가장 중요하다"는 결론을 내렸습니다. 조직 내에서 아이디어와 질문, 문제를 제기하는 것에 두려움을 느끼지 않도록 해야 한다는 것입니다. 그러려면 리더가 구성원들에게 '겸손한 질문(humble inquiry)'을 적극적으로 던져야 한다고 샤인 교수는 말합니다.

"지시보다는 '겸손한 질문'을 통해 협력의 조직문화를 일굴 수 있다."

여기에서 '겸손'은 성격적 특성을 말하는 게 아닙니다. '조직을 이끌기 위해 타인의 도움이 필요하다'는 신호를 보내는 질문을 하라는 것입니다. 샤인 교수는 이를 '지금 여기에서의 겸손(here-and-now humility)'이라고 정의했습니다.

'겸손한 질문'을 구사하는 게 생각만큼 쉬운 일은 아닙니다.

"지금 여기에서의 겸손이 질문에 배어 있지 않다면 직원이 침묵하거나 왜곡하거나 거짓으로 보고해 오히려 문제가 커질 가능성이 있다."

샤인 교수는 겸손한 질문을 실천하기 위한 세 가지 방안을 다음과 같이 제시합니다.

① 보고, 느끼되 충동적인 발언을 억제한다.

② 행동을 취하기 전에 경청하고, 무슨 일인지 파악하는 습관을 들인다.

③ 상대방이 전달하려는 취지를 귀담아듣고, 이해하고, 인정하려고 노력한다.

또한 그는 "겸손한 질문을 익히려면 '잊어버리기'와 '새로 배우기'가 필요하다"고 말합니다. 미국 하원의장을 10년 동안 지낸 토머스 오닐은 팀원들과 회의를 시작하면서 단 두 마디만을 팀원들에게 던진 것으로 유명합니다.

"요즘 여러분이 듣는 이야기에는 무엇이 있습니까? 특별한 것들이 있나요?"

그러고는 침묵을 지켰습니다. 샤인 교수는 이에 대해 다음과 같이 평했습니다.

"자신이 정치판이나 여론에서 들리는 것을 모두 안다고 가정하는 것이 아니라 자신이 모르는 것을 보좌관들은 알 수 있다는 전제 아래 겸손한 질문을 던진 것이다."

샤인 교수에 따르면 겸손한 질문은 멋진 투자이기도 합니다. 자신의 무지를 인정하고 상대방에게 힘을 부여하기 때문입니다.

"지금 여기에서의 겸손은 '당신의 말에 귀 기울이고 나 자신을 낮출 준비가 됐어요'라는 신호를 보내는 것"이라며 그는 이렇게 말합니다.

"이를 통해 미처 몰랐던 것을 배웠다면 당신의 투자는 수익을 낸 것이다. 당신은 새로운 정보를 얻을 수 있으며, 이어지는 질문과 대답을 통해 관계를 긍정적으로 발전시킬 수 있다."

에드거 샤인·피터 샤인, 노승영 옮김, 《리더의 질문법》(심심, 2022)

13

그늘 안에도 양지가 있다

|

박용만 전 대한상공회의소 회장이 두산그룹 입사 초기에 맡은 업무는 청량음료 영업이었습니다. 당시 세무자료 없이 장사를 하는 시장 관행을 근절해 합리적인 영업 방식을 안착시키려던 그는 난관에 부딪쳤습니다. 영업사원들이 거세게 반발한 것입니다. 이 사건은 그에게 '큰 변화 앞에서 사람을 움직이게 할 방법은 무언인가'라는 평생의 화두를 안겼습니다.

박 전 회장은 경기고등학교와 서울대학교 경영학과를 졸업하고 외환은행에서 사회생활을 시작한 수재였지만 모든 것을 세상과 부딪치면서 새롭게 배워왔다고 말합니다.

"오랜 경험에서 얻은 교훈은 결국 사람의 소중함이다. 모든 일은 사람이 하는 것이고, 어려운 순간 가장 의지한 것도 사람이었으며,

사람들과의 교유를 통해 성장해왔다."

그는 산문집《그늘까지도 인생이니까》에서 "내가 가장 큰 공부를 한 것은 변화와 사람에 관한 것이었다"고 회고합니다.

"새로운 변화가 일어나면 잃을 것이 없고 바꿀 것이 없는 사람들이 제일 먼저 적응한다. 오랜 경험이 있고 하던 방식에 익숙한 사람들이 저항하는 경우가 많다."

이런 일을 겪으면서 "저항하는 사람들을 갈아치우고 새 사람으로 바꿔 변화를 추구하는 게 옳을 것 같지만 어리석은 방법이 되기 십상임을 배웠다"고 말합니다.

"경험이 없는 변화 추구자는 도움이 되지 못한다. 느리고 변화에 순응하지 않아서 답답하지만 경험 많고 유능한 사람이 어떻게 해서든 새 방식을 받아들이면 훨씬 영향력이 컸다."

'유능한 사람 돌려 세우기'가 '돌아선 사람 위주로 끌고 가기'보다 훨씬 어렵지만 중요하고, 리더가 해내야 할 일이라는 게 그의 성찰입니다.

독실한 가톨릭 신자로 주말마다 사회봉사 활동을 하는 그의 경험담도 고개를 끄덕이게 합니다.

"독일제 오리털로 노숙자용 점퍼를 만들었다고 하면 '나도 못 입는 독일제 오리털을 넣었어요?' 하는 사람이 있다. 봉사를 다니면서 분노가 솟는 경우 중 하나가 '어머, 이건 우리도 자주 못 먹는 건데…'라거나 '거의 우리 집 수준이네'라는 말을 들을 때다."

내가 베푸는 것이니 나보다 못한 것을 줘야 한다는 생각이 참으로 당치 않다는 그의 말은 '나눔'의 온전한 뜻을 살피게 합니다.

서자(庶子)로 태어나 마음고생을 하며 성장한 그는 지난날을 돌아보며 "살다 보면 양지 아래 그늘이 있었고, 그늘 안에도 양지가 있었다"고 말합니다.

"양지가 그늘이고 그늘이 양지임을 받아들이기까지 짧지 않은 세월이 걸렸지만 그게 다 공부였지 싶다. 그걸 깨닫고 나니 양지가 아닌 곳에 있는 순간에도 사는 것이 좋다."

박용만, 《그늘까지도 인생이니까》(마음산책, 2021)

14

늦게 핀 꽃이 아름답다

미국의 영화배우 모건 프리먼은 50세가 넘도록 지역 극장과 소규모 연극 무대를 전전한 무명 신세였습니다. 그는 52세 때 81세의 제시카 탠디와 함께 출연한 영화 〈드라이빙 미스데이지〉로 돌파구를 찾았습니다. 이 영화로 탠디가 생애 첫 아카데미 여우주연상 후보에 올랐고, 프리먼 역시 할리우드의 주목을 받게 된 것입니다.

현재 나이 97세(1926년생)로 역사상 가장 큰 성공을 거둔 여성 주식투자자로 꼽히는 '블루칩 배당금의 여왕' 제럴딘 와이스가 투자 세계에서 관심을 받기 시작한 것은 51세 때였습니다. '인내심'은 그가 강조하는 투자 철학의 핵심입니다.

미국의 경제전문지 《포브스》의 발행인이자 미래학자인 리치 칼가아드는 "정해진 성공 시간표에 목매거나 순응하지 않아도 된다면 우리 모두 각자의 일정대로 자신의 재능과 열정을 꽃피울 수 있다"고 강조합니다.

높은 성과를 남들보다 빨리 이뤄내야 한다는 '신동 문화'가 요즘 세상을 지배하고 있습니다. 많은 아이들이 조기 교육에 내몰리며 성취에 대한 압박감으로 육체적·정신적 사기 저하에 시달립니다. 칼가아드는 "어린 나이에 이룬 성적이나 점수, 직업, 돈과 명성이 인생 전체의 성공을 보장하지 않는다"고 일깨웁니다.

"남들보다 조금 늦게 결과를 낸다고 해서 뒤처진 인생인가? 아니다."

칼가아드는 접시닦이, 야간 경비원, 편집 보조 등의 일을 하며 방황하다가 뒤늦게 길을 찾아낸 자신의 경험을 소개하며 "인생을 경주가 아닌 여정으로 볼 때 진정한 성공을 할 수 있다"고 조언합니다.

또한 누구나 프리먼과 와이스, 칼가아드 같은 '레이트 블루머(late bloomer: 늦게 꽃피우는 사람)'가 될 수 있음을 보여주는 연구 결과들도 많습니다.

"기술 기업 중에서 50세가 창업한 회사가 30세가 창업한 회사보다 대박을 터뜨릴 확률이 거의 두 배 높고, 30세의 창업자가 20세의 창업자보다 성공할 확률이 더 높다."

실제로 노스웨스턴대학교, MIT, 미국 인구조사국이 신생 기업들을 조사했더니 "가장 성장 속도가 빠른 회사들은 출범 당시 창업자의 평균 연령이 45세였다"고 합니다.

'레이트 블루머'들의 공통적인 특성은 호기심, 연민, 회복력, 평정심, 통찰력, 지혜라는 여섯 가지 장점을 고루 갖췄다는 점입니다.

"이 장점들은 일찍 꽃을 피우는 사람(early bloomer)들에게 유리하게 돌아가는 분위기 속에서 쉽게 드러나지 않을 뿐더러 무시되기 쉽다. 하지만 주변과 사회의 편견을 딛고 수많은 역경과 문제들을 참고 극복하면서 빛을 발할 수 있는 것들이기에 값진 발견이 될 수 있다."

칼가아드는 "늦다고 해서 게으른 것이 아니며, 중간에 그만둔다는 것이 포기한다는 의미는 아니다"라고 말합니다. 성공한 레이트 블루머들은 자신의 실패와 좌절을 인지하되 오래 매달리지 않는다고 합니다. 누구나 쉽게 빠질 수 있는 자기 회의를 핸디캡이 아닌 '슈퍼 파워'로 활용하는 것이 무엇보다 중요하다고 칼가이드는 말합니다.

"다소 어설픈 출발, 방황과 혼란, 경력 단절과 불운, 자신감 부족과 나쁜 습관 등을 겪더라도 수치심에 사로잡혀 의지를 꺾지 않는다면 자신의 역량과 잠재력을 발현해낼 수 있다."

리치 칼가아드, 엄성수 옮김, 《레이트 블루머》(한국경제신문, 2021)

자기계발에 관한 글을 읽다 보면 특별히 '꽂히는' 대목이 있기 마련입니다. 저에게는 온라인 동영상서비스(OTT) 회사 넷플릭스의 기업문화가 그렇습니다. 비디오테이프 대여 회사로 시작해 세계 최고의 OTT업체로 탈바꿈한 넷플릭스는 그저 외형만 거대한 기업이 아닙니다. 회사 구성원들에게 가장 큰 사랑을 받는 곳이기도 합니다.

 제가 주목하는 것은 그 비결입니다. 넷플릭스는 '없는 게 많은 회사'로 유명합니다. 대표적으로 회사 운영에 관한 규칙과 규정이 거의 없습니다. 임직원들의 업무 승인 절차에서부터 휴가, 업무처리 비용, 출장 등에 관한 규정이 없습니다. 따라서 기획한 아이템 진행이나 업체와의 계약 여부에 상사의 승인을 기다릴 필요가 없습니다. 연중 휴가를 보름 동안 다녀오건, 두 달을 다녀오건 아무 제약이 없는 것입니다. 해외 출장을 다녀올 때 누가 비행기의 이코

노미석, 비즈니스석, 일등석을 타야 한다는 규정도 없습니다. 갓 입사한 신입사원이 일등석에 탑승해도 뭐라고 하지 않습니다.

단 한 가지 전제조건이 있습니다. 그런 모든 결정이 '회사에 최선의 이익'을 주는 것이었음을 업무 성과로 입증하면 됩니다. 임직원 개개인들에게 최대한의 자유를 주고, 그에 따른 책임을 지게 하는 '자유와 책임(freedom and responsibility, F&R)'의 문화가 넷플릭스를 빠르게 성장하는 초우량 회사로 일어서게 했습니다.

제가 〈이학영의 뉴스레터〉를 집필하고, 그 내용을 골라 책으로 펴내면서 담은 거의 모든 글은 이런 '자유와 책임'의 정신을 추구합니다. 주어진 자유를 온전하게 누리면서 최대의 성과를 내기 위해서는 확고한 자신만의 가치관을 정립해야 합니다. 어떤 상황에서도 흔들리지 않는 자기 규율과 스스로의 힘만으로 위기 상황을 돌파할 수 있는 내면의 굳건함이 뒷받침되어야 하는 것입니다.

이 책에서 소개한 91편의 이야기는 독자 여러분을 그런 길로 안내하는 통찰을 돕는 데 주안점을 뒀습니다. 조금이라도 미흡한 내용이 있다면 전적으로 제가 부족한 탓입니다. 보내주시는 고견을 다음에 담을 책에 잘 반영하도록 하겠습니다. 끝까지 읽어주셔서 감사합니다.

성공하는 리더는 어떻게 변화를 이끄는가
세상을 바꾼 생각의 힘

제1판 1쇄 발행 | 2022년 11월 25일
제1판 3쇄 발행 | 2023년 2월 16일

지은이 | 이학영
펴낸이 | 오형규
펴낸곳 | 한국경제신문 한경BP
책임편집 | 윤혜림
외주편집 | 장민형
저작권 | 백상아
홍보 | 이여진 · 박도현 · 하승예
마케팅 | 김규형 · 정우연
디자인 | 지소영

주소 | 서울특별시 중구 청파로 463
기획출판팀 | 02-3604-590, 584
영업마케팅팀 | 02-3604-595, 562   FAX | 02-3604-599
H | http://bp.hankyung.com   E | bp@hankyung.com
F | www.facebook.com/hankyungbp
등록 | 제 2-315(1967. 5. 15)

ISBN 978-89-475-4863-2   03320